좋은 크리스천의 잘못된 믿음

찰스 프라이스 | 허창범

STOP TRYING TO LIVE FOR JESUS

하나님이 진짜 원하시는 크리스천의 삶은?

우리는 하나님의 일에 자신의 삶을 바치기 원한다. 그것은 마땅하고 옳은 일이다. 그러나 불가능한 일을 시도하는 부담감과 의무감에 억눌릴 때가 얼마나 많은가? 그것은 그리스도 안에서 내게 주어진 능력보다는 나 자신의 힘으로 살려고 하기 때문이다. 예수님이 내 안에 거하고 내가 그분 안에 거하는 삶, 주님이 나를 통해 일하시는 삶, 그것이 바로 하나님이 원하시는 크리스천의 삶이다. 어떻게 하면 그런 삶을 살 수 있을까?

생명의말씀사

STOP TRYING TO LIVE FOR JESUS
…LET HIM LIVE THROUGH YOU
by Charles Price

Copyright ⓒ 1995, 1999 by Charles Price
Originally published in English under the title
STOP TRYING TO LIVE FOR JESUS
…LET HIM LIVE THROUGH YOU.
Published by Kingsway Publications,
Lottbridge Drove, Eastbourne, BN23 6NT, England.
All rights reserved.

Korean Edition published by Word of Life Press, Seoul 2003, 2011.
Translated and published by permission.
Printed in Korea.

좋은 크리스천의
잘못된 믿음

[구제: 예수님 위해 살려고 하지 마라]

ⓒ **생명의말씀사** 2003, 2011

2003년 5월 1일 1판 1쇄 발행
2004년 4월 25일   5쇄 발행
2011년 8월 10일 2판 1쇄 발행
2023년 10월 24일   3쇄 발행

펴낸이 | 김창영
펴낸곳 | 생명의말씀사

등록 | 1962. 1. 10. No.300-1962-1
주소 | 서울시 종로구 경희궁1길 6 (03176)
전화 | 02)738-6555(본사) · 02)3159-7979(영업)
팩스 | 02)739-3824(본사) · 080-022-8585(영업)

기획편집 | 정순화, 김지혜
디자인 | 박인선
인쇄 | 예원프린팅
제본 | 보경문화사

ISBN 978-89-04-15957-4 (03230)

저작권자의 허락없이 이 책의 일부 또는 전체를
무단 복제, 전재, 발췌하면 저작권법에 의해 처벌을 받습니다.

좋은 크리스천의 잘못된 믿음

STOP TRYING TO LIVE FOR JESUS

chapter 1.
그리스도인이 된다는 것은 07

chapter 2.
아무 쓸모없는 존재 26

chapter 3.
하나님이 원하시는 삶 51

chapter 4.
예수 그리스도의 주되심 74

chapter 5.
마음의 변화 97

chapter 6.
죄 사함과 하나님의 공의 119

Contents

LET HIM LIVE THROUGH YOU

chapter 7.
우리 안에 계신 성령님 140

chapter 8.
성령 충만을 받음 168

chapter 9.
믿음으로 산다는 것은 187

chapter 10.
순종과 인격에 대한 신뢰 202

chapter 11.
그리스도 안에 거함 220

Chapter 1.
그리스도인이 된다는 것은

    손을 씻기 위해 비누를 집으려 하다 놓쳐 본 적이 있는가? 아마 다들 한 번쯤은 이런 경험을 해봤을 것이다. 우리 그리스도인의 삶에도 이와 같은 일이 종종 일어난다. 예수 그리스도를 구주와 주님으로 영접한 뒤, 일상의 작은 부분에도 그분의 살아계심과 역사하심을 본 우리는 흥분하게 된다. 또한 소망을 주시는 하나님으로 인해 인생을 새롭게 경험하는 즐거움도 누리게 된다. 그러나 그리스도인이 된 기쁨과 감사함을 손에 쥐었다고 생각한 어느 날, 주님을 향한 우리의 열정과 갈망이 시들해져 있는 모습을 발견하게 된다. 더욱이 이런 경험을 하게 되면 상황이 전보다 더 나빠져서 좌절감과 죄책감에 힘들어진다. 마치 이 상황이 영원히 지속될 것 같은 두려움이 몰려오는 것이다. 그리스도인이 되고 몇 년이 지나지 않아 내 모습이 바로 이랬다.

사실 내가 구원의 확신을 얻게 된 것은 어느 토요일 저녁이었다. 시민회관에서 한 편의 영화를 보여 주었는데, 오스트레일리아에서 열린 빌리 그레이엄 전도 집회에서 회심한 한 사람의 이야기였다. 그날 밤 영화를 보기 위해 수많은 사람들이 시민회관을 가득 메웠다. 덕분에 좌석을 얻지 못한 나는 2시간을 꼬박 서서 영화를 감상해야 했다. 하지만 불편함도 잠시, 영화가 시작되자 나는 그 주인공에게 완전히 매료되었다.

나와 주인공 사이에는 어떠한 공통점도 없었다. 하지만 영화를 보면서 나는 점점 그에게 동화되어 갔다. 오스트레일리아의 오지를 배경으로 한 그 영화에서 주인공은 그리스도를 향한 영혼의 갈급함을 발견한다. 나 역시 그리스도를 향한 갈급함을 절감하게 되었다. 사실 영화의 줄거리는 이미 접했던 내용이었기 때문에 그리 새롭지 않았다. 하지만 그 영화의 표현력과 생명력이 너무나 뛰어나서 내용의 익숙함과는 상관없이 마음이 벅차올랐다. 나는 하나님께서 말씀하고 계심을, 그리고 내가 거기에 대답해야 함을 깨달았다.

영화 상영이 끝나자 도움이나 상담이 필요한 사람들은 안내 데스크로 오라는 방송이 들려 왔다. 다른 이들은 감동에 휩싸인 채 안내 데스크로 향했지만, 나는 그 자리에 계속 머물러 있었다. 사람들이 너무 많아서 왠지 쑥스러웠던 것이다. 게다가 당시의 나는 내가 과연 그리스도인인지조차 헷갈렸다. 별생각 없이 교회에 다녔기 때문에 내게 신앙생활은 하나의 습관과도 같았다. 그래서 나는 그 자리에 가만히 선 채로 '주 예수 그리스도여! 만약 제가 그리스도인이 아니라면 오늘밤 저를 그리스도인으로 만들어 주옵소서'라고 기도했다.

그날 밤, 나는 이전에 결코 경험하지 못했던 그리고 이후로도 전혀 흔들리지 않은 확신을 가지고 집에 돌아왔다. "나는 그리스도인이다!" 이 확신이 들자 가슴이 벅찼다. 비록 '나는 그리스도인'이라는 말의 진정한 의미가 이후로도 수년간 실현되진 않았지만 말이다. 어쨌든 그날 내 속에서는 하나님을 향한 새로운 사랑, 그분을 기쁘시게 하고자 하는 새로운 열망, 그리고 사람들과 삶 전반에 대한 새로운 태도가 생겨났다.

그러나 동시에 그것은 문제점을 발견하는 순간이기도 했다. 태도와 욕망의 변화, 하나님을 위해 살고 그분을 기쁘시게 하려는 이 비전이 그간의 삶과는 너무도 동떨어져 있었던 것이다. 이 사실을 직시하자 마음이 아려 왔다. 그리고 나의 기쁨과 열정이 순식간에 좌절로 바뀌었다. 습관처럼 지녀 온 나의 기독교 신앙은 그때까지의 삶에서 아무런 효과를 내지 못했던 것이다. 요컨대 나는 실패자였다.

"너희 안에서 행하시는 이는 하나님이시니 자기의 기쁘신 뜻을 위하여 너희에게 소원을 두고 행하게 하시나니" 빌 2:13. 이 은혜로운 말씀을 당시의 나는 알지 못했다. 또한 알았다 해도 이해할 수 없었을 것이다. 욕망과 비전이 변화되는 과정에서 나는 하나님께서 주신 새로운 "소원"을 발견했다. 그러나 당시에는 이 "소원"을 성취하기 위해 무엇을 해야 하는지 전혀 알지 못했다. 하나님께서 나의 "행함"도 온전케 하시리란 사실을 몰랐기 때문이다. 조급해진 나는 스스로 해결하기로 마음먹고, 내 행동 방식을 소원에 맞추려고 애썼다. 하지만 상황은 좀처럼 개선되지 않았다. 오히려 옳은 일을 하려는 소원과 그렇지 못한 행동 사이의 불일치를 절감하면서 좌절감만 커져 갔다.

설교자들은 종종 선한 의도를 가지고 나더러 그리스도께 더욱 헌신하라고 조언했다. 하지만 그런 말도 별로 와 닿지 않았다. 아니, 오히려 이 말들이 나의 절망감을 더욱 심화시켰는데, 그간 나는 정말 진지하게 자신을 헌신해 왔다고 생각했기 때문이다. 어쨌든 마음을 돌이키려 애쓰면 상황이 잠깐 나아지는 것 같기는 했다. 매번 출발점에 서면 이번엔 다르다고 되뇌었고 새롭게 샘솟는 열정에 흥겨워하기도 했다. 내 삶에도 다시 봄이 찾아올 거라고, 이번에야말로 무언가 이룰 수 있을 거라고 기대한 적도 많았다.

그러나 며칠 못 가서 나는 늘 제자리로 되돌아왔다. 그 후엔 또다시 하나님께 '재헌신' 할 것을 도전 받았다. 이런 과정을 얼마나 많이 되풀이했는지 셀 수도 없다. 마치 손에 쥐면 미끄러져 나가는 비누처럼, 하나님을 위해 살기 원하는 나의 소원을 붙잡았다고 생각할 때마다 매번 손바닥에서 미끄러졌다.

그러다 마침내는 내가 진정 찾고 있는 것이 무엇인지조차 알 수 없게 되었다. 내가 너무 큰 것을 바랐던가? 다른 이들처럼 미지근하게 사는 게 현명한 걸까? 솔직히 말해, 그때까지 내가 사귄 대부분의 친구들은 그리스도인으로서 당연히 살아야 하는 삶을 살지 못하고 있었다.

어떤가. 이 책을 펼쳐든 지금, 당신은 무슨 생각을 하고 있는가? 어쩌면 그때의 나와 같을지도 모르겠다. 성경이 제시하는 삶의 기준이 비현실적으로 느껴지는가? 하나님은 과도하게 높은 기준을 제시하는 분인가? 그래서 그 기준을 글자 그대로 받아들여 실행하려는 사람은 어리석은 인간에 불과한 것 같은가?

이 질문에 고개를 끄덕인다면, 하나님은 우리를 놀리시는 중이라고 대답하는 것과 마찬가지다. 마치 당나귀 코앞에 당근을 매달 듯, 그분은 아무리 앞으로 나아가도 결코 도달할 수 없는 환상과도 같은 약속들을 눈앞에 두심으로써 우리를 좌절시키는 분이시다. 그러나 정말 그런가?

패배감에 젖어 있던 내가 마침내 희망의 아침을 맞게 된 계기는 한 가지 소박한 발견 덕분이었다. 그것은 너무 간단하고도 분명한 메시지였다. 바로 내가 자주 인용하던 말씀 안에, 그리스도인의 삶의 핵심 원리가 숨어 있었던 것이다.

"예수 그리스도는 내 안에 사시기 위해 오셨다."

당시 누군가 그리스도가 내 안에 계시냐고 물었다면 나는 망설임 없이 "예!"라고 답했을 것이다. 예수님은 나를 죄의 형벌에서 건져 주시고 천국으로 나아갈 수 있도록 만드셨다. 단, 그분은 주도적인 리더이기보다는 조용한 파트너와 같은 존재였다.

티켓, 증명서, 카탈로그

지금껏 그리스도는 내게 손님 같은 존재였다. 나는 그분의 이름 안에서 살아 왔지 그분의 능력 안에서 산 것은 아니었다. 나는 나 자신을 그리스도인으로 만들어 주는 규칙들 혹은 규정들을 그리스도께로부터 받았다고 생각해 왔다. 그것은 '티켓', '증명서', '카탈로그'로 설명될 수 있다.

먼저 내가 주님께 받았다고 생각한 '티켓'에는 "천국으로의 편도여행"이란 문구가 적혀 있다. 나는 이것이 내 삶의 핵심이라 생각했다. 하나님 앞에서 죄를 시인하고 죄로부터 돌이키려는 스스로를 목격하면서 내게 영생이 있음을 확신했다. 나는 이 천국행 티켓이야말로 그리스도께서 행하신 일의 궁극적인 목적이며 그분이 죽으신 이유이자 내 구원의 이유라고 믿었다.

한편 '증명서'에는 다음과 같은 말이 적혀 있다. "이 증명서는 찰스 프라이스의 모든 죄가 사해졌음을 증명합니다. 서명자 하나님." 이 증명서는 티켓을 얻기 위해 반드시 필요한데, 더욱이 이것은 피로 쓰여 있다. 성경은 "그 아들 예수의 피가 우리를 모든 죄에서 깨끗하게 하실 것이요" 요일 1:7라고 말한다. 그러므로 나는 삶을 통해 예수께서 행하신 그 모든 일들에 감사함으로써 이에 대해 반응해야 한다.

주님께 반응하는 삶은 곧 그분을 위해 사는 삶이다. 하지만 그러기란 정말 쉽지 않다. 이때, 나는 세 번째 품목인 '카탈로그'를 얻음으로써 그런 삶에 대한 힌트를 받았다. 그 카탈로그는 다른 말로 '성경'이라 불린다. 나는 하늘나라에서 진열장에 영적 상품으로 가득한 슈퍼마켓을 운영하고 계시는 하나님을 상상해 보았다. 그분과 함께 있는 어떤 분이 사환 역할을 하는데, 그분의 이름은 바로 성령이시다.

하늘 슈퍼마켓을 이용하는 법은 아주 간단하다. 카탈로그를 읽고 내가 얻을 수 있는 것들을 알아낸 다음, 기도로 그것을 주문하면 된다. 그 다양한 상품들을 내게 배달하는 것이 바로 성령님의 일이다. 예를 들어, 카탈로그인 성경을 읽고서 '사랑'을 가질 수 있음을 알게 되었다고 하자. 나는 기도로 하나님께 사랑을 좀 달라고 요구한다. 그러면 성령께서 사랑의 튜브—어쩐지 나는 매번 치약 모양을 상상한다—를 들고 나타나 내 감정 위에 그것을 모두 짜내신다. 그리고 나는 다른 이들을 사랑하게 되는 것이다! 단, 이 사랑의 상태는 잠깐 동안만 지속된다. 그래도 지속되는 동안에는 멋진 경험을 할 수 있다.

또 다른 날, 나는 성경을 통해 '기쁨'을 가질 수 있음을 알게 된다. 약간 우울한 것 같아서, 나는 이 '기쁨'을 달라고 요구한다. 그러면 이번에도 성령님이 기쁨의 병—나는 이것이 거품목욕용 물비누 같은 것이라고 상상한다—을 들고 나타나 내 마음과 감정 위에 그것을 모두 쏟아 부으신다. 그러면 또 잠시나마 참된 기쁨을 누리는 식이다.

'사랑'과 '기쁨'도 좋지만, 사실 내가 가장 원하는 것은 바로 '권능'이다. 그러므로 나는 이 '권능'을 주셔서 하나님을 잘 섬길 수 있게 해 달라고 간청한다. 이번에도 어김없이 성령께서 권능의 지팡이를 들고 나타나 푸른색 도화선에 불을 붙이신다. 그리고는 내가 잠시 동안 새로운 권능으로 충만케 되는 모습을 뒤에서 지켜보신다.

물론 이들 중 어느 것도 영원히 지속되지는 않는다. 그래서 이들을 더 얻고자 한다면 슈퍼마켓에 계속 연락이 닿아야 한다. 하지만 그렇게 하기가 얼마나 고된지. 이런 생각 속에서 연락을 반복하는 동안, 나는 점점 고민에 빠져든다. 그리고는 곰곰이 생각하던 중 한 가지 중요한 사실을 발견한다.

즉, 하나님은 척하면 착하는 식으로 내게 무엇을 주거나 하는 분이 아니신 것이다. 대신, 하나님은 나에게 그분 자신을 주려고 하신다! 과거에 내가 요구했던 것들은 모두 내 안에 계시는 하나님의 생명으로 인해 나타나는 것들이었다.

그렇다. 이 땅에서 그리스도인으로서 살 수 있는 것은 모두 우리 안에 계시는 하나님의 역동적인 임재하심과 역사하심 덕분이다. 나는 저 높은 곳에 계시는 하나님을 위해 이 낮은 세상에서 사는 자가 아닌 것이나. 주님은 이 세상의 평범한 일상생활 속에서 예수 그리스도의 인격을 재생산하시고 당신의 형상을 나타내고자 하신다. 그리고 내 안에 계시는 성령님의 역사로 말미암아, 바로 내가 주님의 바람을 이뤄 가게 되는 것이다.

따라서 내게 필요한 것은 하나님께 대한 무작정의 헌신이기보다는, 그분의 뜻에 따라 생각하고 행동하고자 나의 자아와 자만심에 대해 죽는 일이다. 바울은 고린도 교회 성도들에게 다음과 같이 썼다.

"우리 살아 있는 자가 항상 예수를 위하여 죽음에 넘겨짐은 예수의 생명이 또한 우리 죽을 육체에 나타나게 하려 함이라" 고후 4:11.

헌신 아니면 죽음?

성경에 나오는 비극 가운데는 하나님이 직접 일하시도록 하지 않고, 자기가 하나님을 위해 무엇인가 하고자 헌신했던 이들의 이야기가 포함되어 있다. 이때 그들이 품은 헌신의 강도가 크면 클수록, 그들의 삶은 더욱 애석해졌다. 예컨대 구약의 가장 중요한 인물 중 두 사람의 경우를 살펴보자.

고령의 아브라함에게 하나님은 놀라운 약속을 하셨다. 즉, 아브라함의 자손이 하늘의 별과 바닷가의 모래만큼이나 많아지리라고 말씀하신 것이다. 당시 아브라함의 나이는 75세, 그의 아내 사라는 그보다 10살 아래인 65세였다. 일평생 자식이 없었기에, 자식을 보려는 생각은 단념한 지 오래였다.

상황이 이러한데도 하나님이 약속하셨기에 아브라함은 그 말씀을 믿었다. 그리고 기대감을 품은 채 기다리고 또 기다렸다. 그 후로 10년이 지나서 아브라함은 85세, 사라는 75세가 되었다. 그러나 여전히 자식은 생기지 않았다. 참으로 실망스럽고 당황스러웠을 것이다. '이제는 어찌해야 하는가? 그리고 우리가 할 수 있는 일이 무엇인가?' 하고 머리를 싸매지 않았겠는가?

창세기 16장을 보면, 이 문제에 대해 아브라함 부부가 서로 대화하는 장면이 나온다. 그 대화에서 아브라함은 하갈이라는 여종을 통해 자식을 보기로 하였다. 사실 그들의 문화권에서는 이런 일이 종종 있었다. 창세기에서도 아내의 여종을 통해 자식을 본 경우가 아브라함 외에 더 있다. 그리고 하나님은 아브라함 부부의 계획을 저지하지 않으셨다. 결국 아브라함은 하갈을 취했고, 하갈은 임신하여 이스마엘이라는 남자아이를 낳았다.

아브라함의 동기는 순수했다. 하나님께서 약속하시기 전까지, 그는 자식을 보려는 희망을 모두 포기한 상태였다. 그러나 지난 10년간 귓전을 울린 하나님의 약속의 말씀에 힘입어 이제는 무언가 해야 할 때라고 느낀 것이다. 결국 아브라함은 하나님의 뜻을 이루어 드리고자 자신을 헌신하기에 이른다. 요컨대 이스마엘은 아브라함이 하나님께 대적하여 낳은 자식이 아니라 하나님께 순종하려는 마음에서 낳은 자식이었다는 것이다. 이처럼 아브라함과 사라가 이스마엘의 출생을 위해 방법을 강구했던 것은 하나님께 대한 불순종에서 비롯된 것이 아니라, 하나님의 목적을 이루려는 헌신에서 비롯된 것이었다.

그러나 하나님은 이스마엘을 인정하지 않으셨다. 사라 자신이 임신하여 이삭을 낳은 것은 이스마엘이 태어난 지 14년이 지난 후였다. 약속의 말씀이 주어진 지 만 25년이 지난 때였다. 나중에 하나님이 아브라함을 시험하여 이삭을 제물로 바치도록 요구하셨을 때, 하나님은 이삭을 "네 사랑하는 독자"창 22:2라고 표현하셨다. 그분의 시야에 이스마엘은 없었던 것이다.

이로부터 얻을 수 있는 한 가지 교훈은, 하나님을 위한 우리의 시도가 아무리 진지하다 하더라도 하나님이 그것을 용납하지 않으실 수 있다는 점이다. 그러기에 그분은 이스마엘을 아브라함의 아들로 인정하지 않으셨던 것이다. 하나님은 우리를 그분의 대리자가 아니라 통로가 되도록 이끄신다. 하나님이 보시기에 이스마엘은 아브라함 자신의 일이었고, 이삭은 하나님의 일이었다. 이스마엘의 출생은 아브라함이 계획하고 일한 결과이고, 이삭의 출생은 오직 하나님의 간섭과 섭리로만 설명될 수 있는 사건이었다.

그러므로 하나님의 명령과 약속에 직면했을 때, 오직 하나님만이 그것을 이루실 수 있음을 잊지 말라. 이를 기억하는 일은 우리에게 놀라운 자유를 가져다준다. 단, 그렇다고 해서 우리가 단지 수동적인 태도만 취해야 한다는 뜻은 아니다. 이에 대해서는 다른 장에서 보다 자세히 말하겠다. 요점은 우리가 "두렵고 떨림으로 너희 구원을 이루라"는 명령을 받았다 하더라도, 그 명령은 어디까지나 "자기의 기쁘신 뜻을 위하여 너희에게 소원을 두고 행하게 하시는 하나님"을 기초로 한다는 데 있다빌 2:12-13.

한편 모세는 그의 나이 40세에 자신의 운명을 알게 된다. 애굽의 노예, 히브리 민족의 자손인 그는 어렸을 때부터 왕실의 특권을 누리며 바로의 궁전에서 자랐다. 애굽 왕이 히브리인 남자아이를 없애라고 했을 때 모세의 어머니가 그를 갈대로 만든 상자에 숨겼는데, 바로의 딸이 모세를 발견하여 궁전으로 데려다 키운 것이다.

40세에 이르러 자신의 정체성을 발견한 모세는 히브리 민족의 처참한 노예 상태를 목격했다. 이에 그는 "하나님께서 자기의 손을 빌어 그 형제들을 구원하여 주신다" 행 7:25는 생각을 품고서 하나님의 뜻에 자신을 헌신하게 된다. 그의 동기는 참으로 선한 것이었고, 그가 품은 생각은 참된 것이었다. 그러나 그의 행동은 파괴적이었다.

모세는 하나님의 뜻이라고 생각되는 것들을 이루고자 했다. 즉, 자기 동족들을 구원하기로 마음먹은 것이다. 마침 어떤 애굽 사람이 고역에 시달리는 히브리 사람을 치는 것을 보고서 모세의 결심이 실행되었다. 좌우를 살펴 사람이 없음을 확인한 후, 그 애굽 사람을 죽여 모래 속에 감춘 것이다. 그러나 목격자가 있어 이 일이 삽시간에 온 나라에 퍼졌다. 그리고 사실을 알게 된 바로는 "모세를 죽이고자 했다" 출 2:15. 모세는 달아났고, 미디안 광야에 도착하여 거기서 40년을 보내게 된다. 이제 히브리 민족을 구원하려는 그의 꿈은 산산조각 났다. 한때는 "하나님께서 자기의 손을 빌어 그 형제들을 구원하여 주신다"는 확신을 가진 의기양양한 젊은이였는데 말이다.

아브라함이 그랬듯, 모세는 하나님을 위한 일을 한다면서 정작 하나님은 제쳐 둔 채 자기 열심으로만 헌신했다. 그러다 하나님께서 모세와 함께 일하기 시작하신 것은 그의 나이 80세에 이르러서였다. 모세가 애굽에서 도망쳐 나온 지 약 40년이 지났을 때 하나님은 떨기나무 불꽃 가운데 나타나셨는데, 이때 모세는 이전의 그가 전혀 아니었다. 용기백배하여 시도했던 일이 무참히 실패로 돌아간 후 더 이상 자기의 힘과 능력을 의지할 수 없을 만큼 자아가 죽게 된 모세. 그는 애굽으로 돌아가 동족들을 구하라는 하나님의 부르심에 이렇게 반응한다. "내가 누구이기에 바로에게 가며 이스라엘 자손을 애굽에서 인도하여 내리이까" 출 3:11.

만일 40년 전에 하나님이 모세에게 물었다면 어땠을까? 당시 젊은이였던 모세는 "나야말로 그 일의 적임자"라고 말했을 것이다. 어쨌든 나이든 모세의 반문을 하나님은 무시하셨다. "내가 누구이기에"라는 의문을 푸는 일은 결코 중요한 게 아니었다. 대신 하나님은 "내가 반드시 너와 함께 있으리라" 출 3:12고 대답하셨는데, 이때 중요한 것은 하나님의 함께하심이었다. 일을 완수하는 데 있어 꼭 필요한 자원은 모세가 어떤 사람인가에 있었던 것이 아니라, 하나님이 어떤 분이신가에 있었다. 그러자 이제 모세가 제대로 질문한다. "너희의 조상의 하나님이 나를 너희에게 보내셨다 하면 그들이 내게 묻기를 그의 이름이 무엇이냐 하리니 내가 무엇이라고 그들에게 말하리이까" 출 3:13. 즉 하나님이 누구신가를 여쭤 본 것이다.

당신은 시간을 들여 하나님께 이런 질문을 하고서 그분의 대답을 기다린 적이 있는가? 모세의 질문에, 하나님은 이렇게 답하셨다. "하나님이 모세에게 이르시되 나는 스스로 있는 자이니라 또 이르시되 너는 이스라엘 자손에게 이같이 이르기를 스스로 있는 자가 나를 너희에게 보내셨다 하라" 출 3:14.

하나님은 자신을 영원히 현존하는 분으로 묘사하셨다. 그분은 떨기나무 불꽃 가운데 계셨던 분 혹은 마지막 종착지인 약속의 땅에 계실 분이 아니라, 항상 삶의 현시점에서 역사하시는 분이다. 이것이야말로 그리스도인의 삶의 근본 원리다. 하나님은 십자가에서만 역사하셨으며, 우리는 단지 그분이 행하신 일들을 돌아보며 감사하면 된다고 생각하는가? 아니, 그렇지 않다. 하나님은 우리 삶의 현시점에서 그리고 우리 삶의 모든 영역에서 역사하고 계신다. 사도 바울은 이렇게 기록한다.

"너희를 부르시는 이는 미쁘시니 그가 또한 이루시리라" 살전 5:24.

이 말씀을 통해 사도 바울은 하나님께서 우리에게 어떤 일을 맡기실 때는 우리 힘으로 하라는 것이 아니며, 하나님 자신이 우리를 통해 일하실 수 있도록 통로가 되어야 함을 가르친다.

모세가 바로 이 원리를 배웠던 것이다. 하나님의 계속적인 개입을 통해 이스라엘 백성들의 출애굽 문제가 해결되었고, 마침내 그들은 새로운 땅 가나안으로 출발하게 되었다. 모든 것이 잘되어 갔다. 400년 동안의 노예 생활에서 해방된 이스라엘 민족은 의식에서 완전히 지워 버렸던 자유를 만끽하면서 민족의 자존감을 회복하던 중이었다. 순풍을 만난 그들 앞에는 영광의 지평선이 손짓하고 있었고 하나님이 그들을 위해 역사하고 계셨다. 그러나 자축의 분위기는 그리 오래가지 못했다.

머잖아 60만 명의 남자들과 여자들, 어린아이들은 홍해에 도착했다. 모세의 인도로 이곳까지 왔지만, 그들은 홍해를 눈앞에 두고서 어쩔 줄 몰라 했다. 다리를 놓기에는 너무 넓었고, 걸어서 건너기에는 너무 깊었으며, 둘러 가기엔 거리가 너무 멀었다. 일부에선 벌써 웅성거리며 불평하는 소리가 들려 왔다.

설상가상으로 돌아보니, 지평선 근처에 커다란 먼지 구름이 나타났다. 그리고 그 먼지 사이로 애굽 군대의 그림자가 보였다. 하나님의 힘에 못 이겨 그들을 해방시켜 주었던 바로의 마음이 바뀌어 그들을 잡아 다시 노예로 삼고자 군대를 보낸 것이다. 앞에는 건널 수 없는 홍해가 가로놓여 있고, 뒤에는 저항할 수 없는 정예 부대가 쫓아오는 이 상황에서 이스라엘 백성들은 엄청난 두려움에 사로잡혔다. 과연 그들은 함정에 빠진 것인가? 모세는 애굽의 앞잡이인가? 모세가 그들을 홍해까지 끌고 와 죽게 하는 것은 애굽에 무덤이 부족해서인가?

바로 이때 모세가 어떻게 반응했는지 살펴보자.

"모세가 백성에게 이르되 너희는 두려워하지 말고 가만히 서서 여호와께서 오늘 너희를 위하여 행하시는 구원을 보라 …여호와께서 너희를 위하여 싸우시리니 너희는 가만히 있을지니라" 출 14:13-14.

모세는 어떻게 이렇게 말할 수 있었을까? 기껏해야 이스라엘 백성들이 노예 생활로 다시 돌아가든가 아니면 최악의 경우 몰살당할 수밖에 없는 그런 상황에서 말이다. "여호와께서 너희를 위하여 싸우시리라"고 말하는 것은 정말로 무책임하지 않은가? '모세, 이 문제를 영적으로만 해석하지 말고 무언가 실제적인 조치를 취해야 합니다. 좀 현실적이 되어 보세요.' 몇몇은 이렇게 생각했을 것이다. 나는 모세가 다음과 같이 기도했을 거라고 생각한다.

"여호와여, 우리에게 큰 문제가 있습니다. 우리 앞에 있는 홍해를 도무지 건널 수가 없습니다. 뒤에는 애굽 군대가 쫓아오는데 우리는 그들을 대항해 싸울 능력이 없습니다. 백성들은 공포에 사로잡혀 있고, 저 역시 어찌해야 할지 모르겠습니다. 그러나 하나님께 한 가지를 말씀드리고 싶습니다. 우리가 이곳까지 오게 된 것은 제 생각이 아니었습니다. 그것은 바로 하나님의 생각이었습니다. 하나님이 떨기나무 불꽃 가운데서 저를 부르셨을 때 저는 할 수 없다고 말씀드렸습니다. 그런데도 하나님은 저와 함께하시겠다고 말씀하셨지요.

또한 우리가 가나안 땅으로 가게 되리라고도 말씀하셨습니다. 이곳은 가나안 땅이 아니고 따라서 저는 이곳에서의 죽음을 생각할 수도 없습니다. 약속에 신실하신 하나님께서 그렇게 되도록 내버려두지 않으실 것을 저는 알고 있습니다. 우리가 어떤 방식으로 이곳에서 벗어나게 될지 알지 못하나 하나님은 이미 알고 계심을 저는 믿습니다. 이 일은 하나님이 친히 행하실 책임이 있는 일이므로 하나님을 신뢰합니다. 주께 늘 감사합니다. 아멘."

이 기도를 드리고 나서야 모세는 군중을 돌아보며 "여호와께서 너희를 위하여 싸우시리라"고 말할 수 있었을 것이다. 아마도 그는 혼잣말로 이렇게 덧붙였을 지도 모른다. '그러나 제발 내게 그 방법만은 묻지 말아라. 주께서 하실 일은 나도 모르니까.'

40년 전의 모세와 홍해 앞의 모세는 얼마나 다른 인물인가. 40년 전의 그는 백성들을 해방시키기 위해 그 자신을 헌신했었다. 그러나 지금은 자신의 능력이나 계획은 다 포기하고 오직 주 하나님만을 신뢰하고 있다.

당신은 하나님이 어떤 식으로 홍해를 가르셨는지 기억할 것이다. 그리고 어떻게 그 첫 번째 문제 홍해-역자 주를 사용하여 두 번째 문제 애굽 군대-역자 주를 해결하셨는지도 기억할 것이다. 이스라엘 백성들이 마른 땅을 건너간 반면 애굽 군대는 바다에 수장되었다. 과연 주님이 관여하신 순간이었다. 하나님이 승리를 거두시는 순간이었고, 하나님이 친히 역사하시는 순간이었다.

사도 바울의 당부와 모세의 깨달음이야말로 모든 그리스도인의 행동과 삶에 있어 가장 핵심이 되는 사항일 것이다. 그러나 몇 년 동안, 나는 그리스도인이 된다는 것의 의미를 이해함에 있어서 이 부분을 놓치고 있었다. 바로 다음 말씀의 가르침을 이해하지 못했던 것이다.

"믿음의 주요 또 온전하게 하시는 이인 예수를 바라보자" 히 12:2.

나는 그리스도가 "주"라는 사실은 알고 있었다. 바로 그분으로 인해 내가 그리스도인이 될 수 있었기 때문이다. 그러나 그분이 "온전케 하시는 이" 혹은 "완성자"라는 사실은 알지 못했다. 그분께 시작은 맡겼지만, 마무리는 내가 해야 한다고 생각했다. 마찬가지로, 나는 다음 성경 말씀 역시 이해하지 못했다.

"너희 안에서 착한 일을 시작하신 이가 그리스도 예수의 날까지 이루실 줄을 우리는 확신하노라" 빌 1:6.

물론 내 속에 착한 일을 시작하시는 분은 그리스도셨다. 문제는 내가 그 일을 완성하려고 했던 데 있었다. 나는 그리스도 예수를 주로 영접한 순간부터 그분 안에서 삶을 계속해 나가야 한다는 사실을 골 2:6, 그리고 영접의 순간 마련된 신앙의 기초가 이후의 삶을 지탱해 줄 것임을 그 누구에게서도 듣지 못했다. 이때 신앙의 기초는 바로 회개와 믿음이다. 그리고 성경은 그리스도께서 모든 진실한 영적 활동들의 생명과 근원이 되심을 생생하게 증언한다.

기독교가 다른 종교나 이상적인 생각들 그리고 한때 내가 인간적으로는 이룰 수 없다고 여겼던 '높은 수준의 삶'을 위한 투쟁보다 훨씬 더 고차원인 것은 바로 이런 이유에서다. 말하자면 기독교는 현실로부터 도피하는 것이 아니라 현실로 뛰어드는 종교다. 바로 이 현실 속에서 그리스도인은 하나님이 의도하시는 삶을 살고자 하며, 우리로 하여금 창조 목적에 부합하는 사람이 되게 하는 자원을 발견하는 것이다. 그러나 이런 말이 너무 이른 결론처럼 보일지도 모르겠다. 과연 신약 성경은 "너희 속에 있는 소망에 관한 이유를 묻는 자에게는 대답할 것을 항상 준비하라"벧전 3:15고 도전하고 있으니 말이다.

소망을 심어 주며 무엇이 진리인지를 설명해 주는 일과, 그 소망의 이유를 알고 왜 그것이 참된지를 설명해 주는 일은 분명 다르다. 우리의 삶 속에 임재하셔서 역사하시는 하나님에 대해 말하기란 신나는 일이다. 그러나 주님이 주시는 이 유익을 완전히 그리고 지혜롭게 누리기 원한다면, 왜 그리고 어떻게 그것이 가능해지는지를 이해할 필요가 있다.

Chapter 2.
아무 쓸모없는 존재

    그리스도인의 삶의 내용을 논하기 전에, 먼저 그리스도인의 삶의 목적이 무엇인가를 살펴보자. 이때 "그리스도인은 어떤 사람인가?"라는 물음으로는 충분치 않다. 우리는 "왜 그리스도인인가?"라고 물어야 한다. 이 질문에 답할 때에야 비로소 우리는 그리스도인이 되는 것의 의미를 제대로 평가하고 그 삶을 온전히 누릴 수 있다.

    오늘날 많은 신자들이 낮은 수준에서 하나님을 체험하면서도 큰 문제점을 느끼지 못하는데, 그것은 하나님께서 진정으로 원하시는 것이 무엇인지에 관해 고심하지 않기 때문이다. 더욱이 신자들은 기대를 품지도 않는다.

    하지만 기억하자. 신자 각자가 인생에서 맛볼 체험은 현재의 기대치를 넘어서지 않는다. 그러므로 현재의 기대치가 과거의 죄 사함이나 미래에 올 천국에의 소망에 머문다면, 이 땅의 삶에서는 바랄 것이 별로 없을 것이다.

그러나 인간을 향한 하나님의 목적은 그 정도 선에 그치지 않는다. 태초에 하나님께서 인간을 창조하신 이유는 오늘날 하나님이 인간을 생존케 하시는 이유와 동일하다. 인간에 대해 하나님이 최초로 선포하신 말씀은 다음과 같다.

"우리의 형상을 따라 우리의 모양대로 우리가 사람을 만들고" 창 1:26.

단순하게 들리는 이 선언이 인간의 궁극적 역할에 대해 정의해 준다. 즉, 이 말씀으로부터 인간의 존엄과 중요성, 그리고 생존 권리가 드러나는 것이다. 이때, 하나님의 "형상"과 "모양"은 육체에 관한 표현이 아님을 기억해야 한다. 왜냐하면 하나님이 육체를 입지 않고 계시기 때문이다.

사도 요한은 "본래 하나님을 본 사람이 없으되" 요 1:18라고 기록했으며, 예수님은 "하나님은 영이시니" 요 4:24라고 선언하셨다. 이렇듯 하나님은 우리의 몸과 같은 육체를 갖고 있지 않다. 그렇다면 하나님이 '귀'나 '팔'을 갖고 있다는 듯 묘사한 성경 구절이나 하나님의 '눈'에 관해 언급하는 말씀들은 어찌된 것일까? 그것은 상징적인 표현이지, 사람들이 하나님을 물질적인 몸의 한계 내에서 활동하시는 분으로 이해하길 바라며 사용한 것은 아니다.

한편 형상은 물질적인 것이 아니라 도덕적인 것임을 기억해야 한다. 다시 말해, 인간의 도덕적 속성 안에 하나님의 도덕적 속성이 표현되어 있는 것이다. 인간의 인격, 행동 양식, 그리고 비전은 모두 하나님의 인격, 하나님의 행동 양식, 하나님의 비전을 드러내기 위한 것이다. 그러므로 창조 때부터 인간에게 맡기신 역할들에서는 하나님이 어떤 분이신지 가늠할 단서를 발견할 수 있다.

예컨대 자신의 일상적인 일들을 처리하는 방식, 남편과 아버지로서 가족들을 돌보는 방식, 어머니로서 자녀들을 양육하는 방식, 고용인이 피고용인을 대하는 방식, 피고용인이 고용주를 존경하고 일하는 방식, 사람들이 자기의 돈이나 시간을 사용하는 방식, 이웃들과 함께 대화하는 방식, 그리고 그들이 이웃에 대해 말하는 방식에서 하나님의 성품을 목격할 수 있는 것이다. 이 모든 아름다움, 친절함, 부드러움의 원천인 하나님의 성품은 그분의 형상으로 창조된 인간의 삶과 행동을 통해 드러난다. 요컨대 인간은 그의 됨됨이를 통해 하나님을 계시하도록 만들어진 존재이다.

그런데 어느 순간엔가 상황이 완전히 틀어지고 말았다. 이런 상상을 해보자. 우주의 이방인, 하나님께서 자기 형상대로 지으신 '인간'을 지구상에 존재케 하셨다는 사실 외에 지구에 대해 무지한 어느 이방인이 이 별을 관찰한다고 말이다. 내가 만약 그라면, 눈앞의 장면을 보고 욕지거리를 내뱉을지 모른다.

그 이방인은 하나님이 어떤 분이신가를 알고픈 열망 속에서 큰 기대를 품은 채 인간을 관찰하기 시작한다. 인간은 하나님의 형상대로 만들어졌으므로, 그들의 행동을 살피고 그들의 집을 방문하고 그들의 거리를 걸으며 그들의 TV를 본다면 이를 통해 하나님이 어떤 분이신가를 알 수 있게 될 거라고 기뻐할 것이다.

그러나 주의해서 관찰하는 동안, 이방인은 점점 더 큰 충격에 빠지게 된다. 이런 모습이 참으로 하나님이 어떤 분이신가를 나타낸다고? 차라리 모르는 게 더 나을 뻔했다! 그러면서 그는 하나님이 탐욕스럽다고 결론지어 버린다. 하나님은 증오심과 시기심으로 가득 차 있다. 하나님은 때때로 강간하고, 살인하며, 도적질하고, 싸운다. 하나님은 교만하며, 종종 터무니없는 편견을 갖고 있으며, 그의 유일한 관심은 항상 자기 자신이다.

하지만 정말 그런가? 어째서 우리는 이런 왜곡된 모습을 갖게 되었을까? 왜 존엄한 존재로 만들어진 인간이 이토록 타락하게 되었던가? 왜 우리의 삶의 방식과 행동 양식이 하나님에 대해 그토록 철저히 거짓된 상을 심어 주는 것일까? 알아차리지 못하는 사이에 어디에선가, 어떤 것이, 어떤 방식으로 잘못되고 말았다. 인간의 역할이 하나님이 어떤 분이신지를 드러내는 데 있다면, 인간은 더 이상 이를 감당할 수 없게 된 것 같다. 이 점은 당신에게도 나에게도 해당된다. 다른 이들이 우리와 함께 있음으로 하나님에 대해 알 수 있게끔 하는 핵심적인 요소가 지금 우리의 삶에는 결여되어 있다.

하나님의 생명에서 떠난 삶

결여된 요소는 바로 하나님 자신이다. 하나님은 사람을 독자적으로 기능하고 역할을 수행하도록 만드신 게 아니라, 하나님과 함께 살며 그분의 생명이 사람 안에서 역사하도록 만드셨다. 사도 바울은 인간의 현재 상태를 진단하며 다음과 같이 말한다.

"그들의 총명이 어두워지고 …하나님의 생명에서 떠나 있도다" 엡 4:18.

앞서 바울은 그리스도인이 된 사람들에게 편지하면서, "그는 허물과 죄로 죽었던 너희를 살리셨도다 그때에 너희는 그 가운데서 행하여" 엡 2:1-2라고 썼다. 육체적으로는 살아 있는 자들을 "죽었던"이라 표현한 것은 영적 생명에 있어서 그렇다는 뜻이다. 여기서 영적 생명이란 바로 하나님의 생명으로, 그 하나님의 생명이 사람을 창조 때 의도된 모습으로 만들어 준다.

에덴동산에서 하나님은 아담에게 "동산 각종 나무의 열매는 네가 임의로 먹되 선악을 알게 하는 나무의 열매는 먹지 말라 네가 먹는 날에는 반드시 죽으리라" 창 2:16-17고 말씀하셨다. 이때 하나님은 단지 육체적 죽음을 의미하지 않으셨다. 그분은 불순종의 결과, 하나님의 생명이 인간의 삶에서 떠나게 되므로 육체적으로 살아 있는 동안에도 영적으로는 죽게 된다는 뜻으로 말씀하신 것이다.

이 죽음이 바로 사도 바울이 말한 "죄의 삯" 롬 6:23이다. 그 삯은 에덴

동산에서 사람이 순종이 아닌 불순종을 행할 때 그리고 하나님께 의지하기보다는 독립을 택했을 때 지불되었다. 그 결과, "아담 안에서 모든 사람이 죽은 것"고전 15:22이다. 전 인류가 아담 안에서 죽었을 뿐 아니라, 이후에 출생한 모든 사람들 역시 영적으로 죽은 상태로 태어났다. 오늘날 사람들은 자기 죄로 인해 죽게 될 거라고 말하는데, 사실 이는 정확한 표현이 아니다. 왜냐하면 죄로 인한 죽음은 이미 아담 안에서 일어났기 때문이다. 단, 우리가 죄로 인해 죽을 순 없으나 죄 안에서 죽을 수는 있다고 말하는 것이 옳은 진술이다.

다시 말해 우리는 하나님으로부터 떠나 있을 수 있으며, 그로 인해 영원한 형벌을 받을 수도 있다. 그렇다면 이 죽은 상태를 벗어날 방안은 없는 것일까? 물론 유일하고도 매우 간단한 방안이 있다. 즉, 다시 살아나는 것이다! 나중에 자세히 살펴보겠지만, 이 방안이 바로 복음으로의 초대. 죽음에서 생명으로의 전환을 가져오며, 죄에서 의로의 전환을 가져다주는 거룩한 초대 말이다.

가능성과 능력

문제는 우리에게 거룩을 향한 의지는 남아 있을지라도 그것을 이룰 능력이 상실됐다는 점이다. 거룩을 향한 의지는 악에 대한 혐오와 선을 향한 욕구를 통해 드러난다. 그러나 거룩을 이룰 능력이 상실되었기에, 소원을 이루려 하나 거듭 실패하고 마는 것이다.

사도 바울은 거룩을 향한 의지와 거룩을 이룰 능력 사이의 갈등을 다음과 같이 진솔하게 묘사한다.

"내가 행하는 것을 내가 알지 못하노니 곧 내가 원하는 것은 행하지 아니하고 도리어 미워하는 것을 행함이라" 롬 7:15.

그의 말을 풀어 써 보자. "인생에는 내가 옳다고 알고 있으며 행하기 원하는 일들이 있다. 그러나 나는 그것을 행하지 않는다! 한편 옳지 않다고 여겨 하지 않겠다고 결심하지만 결국 하고 마는 일들도 있다! 이처럼 나의 바람과 행함이 서로 갈등한다. 이것이 문제다. 나는 선을 이룰 수 있다고 믿으며 또 이루길 원한다. 하지만 선을 이룰 수 있는 가능성capacity이 선을 이룰 능력capability의 부족으로 인해 좌절되고 만다. 이로 인해 나는 계속해서 낙심한다."

하나님의 형상과 모양내로 지음 받은 우리는 그 형상과 모양을 나타내야 한다는 것을 알고 있을 뿐 아니라 그를 이룰 가능성과 잠재력이 자기 안에 있다는 사실도 안다. 하지만 지금까지의 삶이 너무도 어리석었기에, 그 거룩한 힘으로부터 자신이 철저히 분리된 것만 같아 두렵다. 내 안에 자리한 선의 가능성이 나로 하여금 옳은 일을 하게끔 하고 올바른 사람이 되도록 동기를 부여하며 격려하지만, 어느 순간부턴가 패배감과 죄책감이 공격해 오는 것이다.

이와 관련해 한 일화를 소개할까 한다. 얼마 전에 나는 영국 남서부에 있는 한 소년원에서 며칠을 묵은 적이 있다. 당시 나는 근처의 교회에서 집회를 인도하고 있었는데, 오후에 짬을 내어 소년원을 방문해 달라는 요청을 받았다. 이 제안을 승낙한 나는 식사 시간에 맞춰 그곳을 방문했고, 식사를 마친 후에는 14세에서 16세까지의 소년 약 30명으로 구성된 한 그룹을 만나 함께 시간을 보냈다. 나의 계획은 한 주 동안 그 소년원에 수감된 150명의 소년들과 대화하는 것이었다.

하루는 우리가 인생에서 가장 원하는 것에 대해, 그리고 그를 이룰 방법에 대해 대화하고 있었다. 나는 그들이 인생을 의미 있고 행복하게 만든다고 하는 것들을 칠판에 적었다. 그중 몇 가지를 거론할 때, 한 소년이 끼어들어 매우 흥미로운 말을 했다. "나의 가장 큰 문제는 나 자신이에요. 그 문제가 해결되지 않는 한 어떤 방안도 실효를 거두지 못할 거예요."

소년은 계속해서 자신이 교도소에 세 차례나 들어오게 되었으며, 이런 생활을 청산하고자 하는 마음이 있다고 강하게 말했다. 그는 교도소에 있기를 얼마나 싫어하는지 또 왜 싫어하는지를 생생하게 설명했다. "그럼에도 내가 교도소에 들어오는 이유는 옳지 않다고 여기는 일을 할 수밖에 없는 상황에 처하기 때문이에요. 나는 정말이지 그 일을 하고 싶지 않았고 그 일을 하는 내 자신이 싫었지만 결국엔 하고야 말았어요. 그러니까 내가 스스로를 잘 다스릴 수 있기 전까진 그 무엇도 내게 소용없을 거예요."

나는 얼마나 많은 소년들이 이 생각에 공감하는지 물었다. 그러자 대다수의 아이들이 자신의 가장 큰 문제가 바로 자기 자신이라고 대답했다. 내가 소년의 말뜻을 정확히 이해한 만큼 당신도 그럴 것이라 생각한다. 요컨대 옳은 일을 행할 가능성과 옳은 일을 하고자 하는 소망을 갖고 있지만, 그것을 행할 능력이 없었던 것이다.

수감될 정도는 아닐지라도, 이러한 문제는 우리의 일상 속에 이미 실재하고 있다. 전력 공급원으로부터 분리된 전구를 한번 떠올려 보라. 거기엔 빛을 발할 수 있는 가능성이 있지만, 원천을 상실했기에 더 이상 빛을 전달할 수 없게 되었다. 마치 하나님으로부터 분리되어 살아가는 인간들처럼 말이다. 이에 관해 바울은 "원함은 내게 있으나 선을 행하는 것은 없노라" 롬 7:18고 기록했다.

이것이 곧 죄의 속성이다. '죄' sin라는 말에는 "표적에서 빗나가다"라는 뜻이 있는데, 실제로 한때 이 말은 활쏘기와 관련해 사용되었다고 한다. 궁수가 목표물을 정하고 활을 쏘았으나 빗나갔을 경우 'sin'이라고 불렀던 것이다. 0.5센티미터를 벗어나든 0.5미터를 벗어나든 혹은 0.5킬로미터를 벗어나든 상관없다. 어쨌든 목표물에서 벗어나면 모두 'sin'이다. 마찬가지로 우리가 하나님의 기준에서 얼마나 벗어났는가는 어디까지나 이차적인 문제이다. 바로 이 점을 강조하면서 야고보는 다음과 같이 썼다. "누구든지 온 율법을 지키다가 그 하나를 범하면 모두 범한 자가 되나니" 약 2:10.

또 다른 비유를 들어 볼까? 만약 당신이 늦게 도착해 버스를 놓쳤다면 1분이 늦었든 1시간이 늦었든 혹은 하루를 늦었든 결과는 똑같을 것이다. 즉, 당신은 버스를 놓친 것이다! 마찬가지로 하나님의 기준에서 벗어났다면, 작게 벗어났든 크게 벗어났든 그 결과는 동일하다. 즉, 당신은 벗어난 것이다! '죄'라는 말은 일차적으로 우리가 얼마나 나쁜가를 측정하는 개념이 아니라, 얼마나 선하지 않은가를 드러내는 개념이다.

목표물에서 벗어난 것이 죄라면, 그 목표물이 무엇인지 알아야 죄에 대해서도 바르게 인식할 수 있다. 목표물을 모른다면 맞힐 것도 빗나갈 것도 없기 때문이다. 요컨대 목표물을 알아야 죄에 대해 제대로 말할 수 있는 것이다. 만약 그렇지 않으면 죄는 단지 모호한 개념으로 남을 것이다.

성경은 목표물을 다음과 같이 정의한다.

"모든 사람이 죄를 범하였으매 하나님의 영광에 이르지 못하더니" 롬 3:23.

그리스도인의 목표물은 선악의 기준이 되는 하나님의 영광이다. 다시 말해, 하나님의 영광에 부합하지 않으면 죄가 되는 것이다. 그렇다면 이제 "하나님의 영광이란 무엇인가?"라고 물을 차례가 되었다. 함께 알아보도록 하자.

하나님의 영광

성경에서 "하나님의 영광"이라는 표현은 다양한 의미로 사용되나, 근본적으로는 "자기 현시를 통해 나타난 하나님의 성품과 행동들로서, 하나님이 본질상 어떤 분이시고 무엇을 하시는가"[1]와 관련된다. 즉, 하나님의 영광은 하나님의 성품을 이르는 것이다. 맨 처음 인간이 창조된 것도 하나님의 성품을 드러내기 위함이었다. 우리의 죄는 이 창조된 목적대로 살지 못한다는 데서 시작되었다.

선이란 각 사람이 나름대로 무엇이 선이고 무엇이 악인지 결정할 수 있는 그런 자의적인 개념이 아니다. 또한 선과 악은 사회 구성원들의 합의를 통해 결정되는 것도 아니다.

예수님은 무엇이 선인지를 명백하게 선포하셨다. 한 부자 청년이 "선한 선생님이여 내가 무엇을 하여야 영생을 얻으리이까"라고 물었을 때, 그분은 이렇게 말씀하셨다. "네가 어찌하여 나를 선하다 일컫느냐 하나님 한 분 외에는 선한 이가 없느니라" 막 10:17-18.

요컨대 선이란 절대적인 것, 곧 하나님의 성품이다. 어떤 것이 선한 이유는 그것이 하나님의 성품에 부합되기 때문이다. 반대로 어떤 것이 악한 이유는 하나님의 성품에 반하기 때문이다.

그렇다면 죄에서 돌이켜 선한 하나님의 성품으로 변화될 수 있는 방

---

1) W. E. Vine, *Expository Dictionary of New Testament Words*.

법은 없을까? 어떻게 해야 하나님의 영광이 인간의 삶 속에 회복될 수 있을까? 이를 위해서는 먼저 완전한 인간이신 예수님을 살펴볼 필요가 있다.

완전한 인간

인류가 하나님이 정하신 목표에서 어긋났던 것과는 대조적으로 예수 그리스도는 그 목표에 부합하심으로써 완전한 인간이 되셨다. 사도 요한은 예수님에 대해 다음과 같이 묘사한다.

> "말씀이 육신이 되어 우리 가운데 거하시매 우리가 그의 영광을 보니 아버지의 독생자의 영광이요 은혜와 진리가 충만하더라" 요 1:14.

수년간 나사렛 예수님을 모시면서 요한은 우리 인간들에게 없는 영광을 보았다. 성화에 그려진 것처럼 예수님의 머리 뒤에 후광이 있었다는 뜻이 아니라, 예수님의 모습에서 하나님의 성품이 나타났다는 말이다.

나사렛의 한 목수로서 일하시면서, 요셉과 마리아의 가정에서 자기가 맡은 역할을 하시면서, 친구들과 길에서 공놀이를 하시면서, 공적 사역을 하시면서 즉 사회의 소외된 자들에게 다가가 말씀하시고, 수년 동안 아무에게도 관심 받지 못한 나병자들을 만지시고, 병든 자들에게

아무 쓸모없는 존재

안수하시고, 당시의 종교인들이 회피하던 부도덕한 자들과 도적들 그리고 반역자들과 함께 교제하시면서, 예수님은 하나님이 어떤 분이신지를 정확히 나타내 보이셨다.

예수님의 행동과 말씀들이 끊임없이 하나님을 계시했다. 그러므로 사도 요한은 "본래 하나님을 본 사람이 없으되 아버지 품속에 있는 독생하신 하나님이 나타내셨느니라"요 1:18고 말했던 것이다. 비록 육신의 눈으로는 하나님을 볼 수 없으나, 우리는 하나님이 어떤 분이신지를 예수님의 생애를 통해 목격할 수 있다. 히브리서 저자는 "하나님이 아들을 통하여 우리에게 말씀하셨으니" 히 1:2 "이는 하나님의 영광의 광채시요 그 본체의 형상이시라" 히 1:3고 말한다. 요컨대 하나님이 어떤 분이신가를 아들이 나타내셨고, 하나님이 하시는 일을 아들이 보이신 것이다.

그리스도 지상 사역의 절정이었던 십자가 죽음과 부활은 제쳐놓고서라도, 공생애 33년 동안 예수님이 그 인격과 말씀과 행위들을 통해 하나님을 계시하시고 하나님의 영광을 나타내신 경우는 무수하다. 그러므로 진정한 인간이 어떤 존재인가를 알고 싶으면 예수 그리스도를 바라보면 된다. 예수 그리스도는 하나님 아버지와 공존하시고 동격이시므로 그 기원이 우리와 다르나, 한 사람으로서 그분이 행하신 일을 살펴보면 참된 인간의 모범이 드러나기 때문이다.

더불어 예수 그리스도가 죄 없는 삶을 사셨음을 기억하라. 그분은 옳지 않은 일을 행치 않으셨을 뿐 아니라 끊임없이 옳은 일을 행하셨다. 즉, 자기 삶과 행동 방식을 통해 함께 있던 주변의 모든 이들에게 끊임없이 하나님을 계시하셨던 것이다.

예수 그리스도께서 사셨던 삶의 방식how을 이해하는 것도 중요하지만, 그보다 더 중요한 것은 왜why 그분이 그런 식으로 사셨는가를 깨닫는 것이다. 그리스도의 삶의 방식을 살피면 그분을 존경하고 경배하지 않을 수 없다. 그러나 동시에 그분과 나 자신의 삶을 비교하면서 나의 연약함을 인식하고 환멸을 느낄 수도 있다.

만약 그런 상황이라면 이렇게 생각해 보라. 축구를 잘하는 한 사람이 있다고 하자. 그가 친구들과 함께 공을 찰 때 친구들의 부러움을 살 정도로 공을 잘 찬다. 그러나 그가 프로 축구팀과 경기를 한다면 곧바로 부족한 실력을 깨닫게 될 것이다. 더욱이 그 실력 그대로 월드컵 게임에 국가 대표로 투입된다면, 당황하여 공을 제대로 볼 수조차 없을 것이며 결국에는 관중들의 야유 소리를 들으며 경기장을 떠나게 될 것이다.

수준 높은 상대와 겨루며 실력을 평가받을수록 사람은 성장함과 동시에 자신의 무능력함을 더 깊이 인식하며 패배감을 맛보게 된다. 마찬가지로 예수 그리스도의 삶의 방식을 알면 알수록 우리 역시 상대적인 좌절감을 느낄 가능성이 있다. 그래서 대개 사람들은 경외감을 갖는 선에서 멈추고 만다. 그런 분이 이 땅에 사시며 하나님의 목적을 성취하셨다는 사실에 만족하는 것이다.

왜 예수님은 그렇게 사셨는가?

그렇다면 어떤 이유에서 예수 그리스도는 한 인간으로서 그토록 아름다운 삶을 사실 수 있었을까? 먼저, 주의 아름다운 삶을 살펴볼 때 예수께서 자신에 대해 놀라운 말씀을 하신 것을 볼 수 있다. 자신의 행동에 관해 예수님은 이렇게 말씀하셨다.

> "내가 진실로 진실로 너희에게 이르노니 아들이 아버지께서 하시는 일을 보지 않고는 아무것도 스스로 할 수 없나니 아버지께서 행하시는 그것을 아들도 그와 같이 행하느니라" 요 5:19.

예수님은 그분의 사역을 특징짓는 이 놀라운 일들이 아무것도 아니라고 말씀하신다. 치유의 기적들, 오천 명을 먹이신 일, 폭풍을 잠잠케 하신 일, 죽은 자를 살리신 일이 아무것도 아니라는 것이다. 더 나아가 그분은 "아들이 …아무것도 스스로 할 수 없나니"라고까지 말씀하셨다. 더불어 자신의 심판과 관련하여 그분은 다음과 같이 말씀하셨다.

> "내가 아무것도 스스로 할 수 없노라 듣는 대로 심판하노니 나는 나의 뜻대로 하려 하지 않고 나를 보내신 이의 뜻대로 하려 하므로 내 심판은 의로우니라" 요 5:30.

주 예수님은 놀라운 분별력을 갖고 계셨다. 그분은 사람들이 가면을 쓰고 있음을 아셨고 종종 그 가면을 벗기셨다. 그분은 사람들을 이해하셨고, 사람들은 그분께 이해 받고 있음을 느낄 수 있었다. 그분의 의견은 항상 옳았다. 그러나 자신의 판단의 원천과 관련하여 자신은 아무것도 판단하지 않았노라고 주장하셨다.

한편 자신의 말씀과 관련하여 예수님은 다음과 같이 이야기하셨다.

"너희가 인자를 든 후에 내가 그인 줄을 알고이것은 그분의 신성을 나타내는 말이다 또 내가 스스로 아무것도 하지 아니하고 오직 아버지께서 가르치신 대로 이런 것을 말하는 줄도 알리라" 요 8:28.

주의 말씀을 들은 사람들은 깜짝 놀랐다. "아무도 이 사람처럼 말하는 것을 들어 본 적이 없어. 이분은 권세 있는 자처럼 가르치신다." 이와 관련해 마태는 예수님의 산상설교 때 군중들의 반응을 기록해 놓았다. 또한 누가는 예수님께서 나사렛에서 처음 설교하실 때 사람들이 "그분의 입술에서 나오는 은혜로운 말씀에 놀랐다"고 적고 있다.

예수님의 말씀은 신선하고, 심오하고, 예리했다. 그러나 자기 입에서 나온 말씀 그 무엇도 그분은 자신의 것이라 주장하지 않으셨다. 이 점이 예수님의 인성을 매우 상징적으로 드러낸다. 이에 바울은 예수님의 성육신에 대해 쓰면서, "그는 근본 하나님의 본체시나 하나님과 동등됨을 취할 것으로 여기지 아니하시고 오히려 자기를 비워 종의 형체를 가지사 사람들과 같이 되셨고" 빌 2:6-7라고 기록하고 있다. 즉,

주님은 자신이 '아무것도 아닌 자', '아무 쓸모없는 자'라고 말씀하신 것이다.

위에서 언급한 사항을 예수님의 생애 가운데서 살펴보기 전에 잠시 생각해 보자. 당신은 자신이 아무 쓸모없는 자라고 느껴 본 일이 있는가? 마땅히 살아야 할 삶의 표준대로 살지 못해서 좌절감을 느낀 적이 있는가? 고기를 잡으려고 애썼으나 결국 예수님께 "밤이 새도록 수고하였으되 잡은 것이 없지마는"눅 5:5이라고 말해야 했던 시몬 베드로의 심정을 느껴 본 적이 있는가? 그렇게 고된 일을 하고, 노력하며, 열심을 냈는데 얻은 것이 없다니!

그런데 바로 이 지점에서 희소식을 전할 수 있을 것 같다. 자신이 아무 쓸모없는 자라고 느끼는 바로 그 순간, 당신은 정말로 좋은 교제를 나누고 있는 것이다. 즉, 당신은 주 예수 그리스도와 공감할 수 있는 것이다!

예수님은 인간으로서는 보잘것없는 사가 되셨다. 그리고 그분 자신의 인간적인 능력으로는 아무것도 성취하지 않으셨다. 그러므로 당신이 한 인간으로서의 예수님보다 더 유능하지 못하다는 사실을 발견했다고 해서 놀랄 것이 무엇인가? 오히려 예수님이 당신보다 더 유능할 수 있음에도 불구하고 의도적으로 그렇게 하지 않으셨단 사실에 고무되지 않는가?

마지막으로, 예수님이 제자들에게 남기신 다음의 말씀을 기억하라.

"나를 떠나서는 너희가 아무것도 할 수 없음이라" 요 15:5.

한편 바울은 원하는 것이 아니라 원치 않는 것만을 하는 자기 문제를 다루면서 이렇게 말하고 있다.

"내 속 곧 내 육신에 선한 것이 거하지 아니하는 줄을 아노니" 롬 7:18.

선에 관한 한 바울은 자신의 무능함을 철저히 인식했다. 그리스도인의 삶에서 가장 위대한 순간 중 하나는 자신이 "심령이 가난한" 마 5:3 자임을 직면하는 때이다.

그러나 이쯤에서 한 번 생각해 보라. '나는 아무것도 아닌 자'라는 예수님의 말씀이 문자 그대로 사실이라면 예수님이 행하신 그 놀라운 일들을 어떻게 설명할 수 있겠는가? 예수님께 병 고침을 받은 수많은 사람들에게 예수님은 아무것도 하신 것이 없다고 말해 보라. 두 번씩이나 기적적으로 불어난 떡과 물고기를 먹었던 수천 명의 사람들에게 예수님은 아무것도 하신 것이 없다고 말해 보라. 죽었다가 살아난 자들의 가족에게 예수님은 실제로 아무것도 하신 일이 없다고 말해 보라. 과연 그들이 어떻게 반응하겠는가? 예수님의 가르침에 놀란 많은 사람들, 혹은 예수님의 가르침으로 찔림을 받고 그 보복으로 예수님을 죽이려 했던 사람들의 경우는 어떻겠는가? 바로 그들에게 예수님 자신은 아무것도 말한 적이 없다고 말해 보라. 물론 예수님은 여러 말씀

아무 쓸모없는 존재

을 하셨다. 그리고 예수님의 영향력은 역사상 그 누가 발휘한 것보다 훨씬 더 강력하다. 그분의 삶은 역사를 BC와 AD로 나누기까지 했다! 더불어 그분은 여러 일들을 하셨다. 역사상 그 누구도 그분만큼 많은 일을 한 사람이 없다.

그렇다면 예수님이 "나를 떠나서는 너희가 아무것도 할 수 없음이라"고 말씀하신 그리스도인들은 어떤 일을 성취하는가? 답은 간단하다. 그들은 '모든 일'을 성취한다! 역사상 하나님을 위해 위대한 일들을 이룬 사람들이 얼마나 많던가. 우리는 그들의 이름을 알고 있으며, 그들의 전기를 읽으며 살아간다. 그러나 이제는 그 위대한 일이 '어떻게' 가능했는지를 알 필요가 있다.

어떻게 예수 그리스도는 한 인간으로서 그러한 삶을 사시고 그러한 일들을 하셨는가? 어떻게 그분은 기적들을 행하실 수 있으셨던가? 어떻게 그토록 권위 있게 말씀하실 수 있으셨나? 어떻게 하나님의 영광을 지속적으로 나타내실 수 있으셨나? 그리고 어떻게 해야 우리도 그와 같은 삶을 살 수 있을까?

앞서, 예수님께서 자신이 아무것도 아니라고 하신 이유는 모든 일을 행하시는 분이 하나님 아버지이심을 드러내기 위해서이다.

> "아들이 …아무것도 스스로 할 수 없나니 아버지께서 행하시는 그것을 아들도 그와 같이 행하느니라" 요 5:19.

"내가 아무것도 스스로 할 수 없노라 …나는 나의 뜻대로 하려 하지 않고 나를 보내신 이의 뜻대로 하려 하므로" 요 5:30.

"내가 스스로 아무것도 하지 아니하고 오직 아버지께서 가르치신 대로 이런 것을 말하는 줄도 알리라" 요 8:28.

각 구절에서 예수님은 자신의 원동력이 하나님이심을 말씀하고 있다. 그리고 후에도 예수님은 이에 관해 다시 한 번 분명히 강조하신다.

"내가 아버지 안에 거하고 아버지는 내 안에 계신 것을 네가 믿지 아니하느냐 내가 너희에게 이르는 말은 스스로 하는 것이 아니라 아버지께서 내 안에 계셔서 그의 일을 하시는 것이라" 요 14:10.

예수님의 인격과 행하신 일들의 원천은 "내 안에 계셔서 그의 일을 하시는" 하나님 아버지이다. 다시 말해, 예수님은 하나님의 임재하심과 역사하심이 진정한 인간이 되는 데 반드시 필요함을 알고서 인간으로서 자신의 역할을 감당하셨던 것이다.

전구에서 빛이 나오는 것은 당연하다. 전구는 그 목적 때문에 존재하며, 당신도 그럴 목적으로 전구를 구입한다. 전구의 모양이나 크기는 제각기 다를 수 있으며 밝기의 강도 역시 다를 수 있다. 그런데 전구 자체만으로는 아무런 역할도 하지 못한다. 만약 전구를 테이블 위에 올려놓고 빛이 나오기를 기대한다면 틀림없이 실망하게 될 것이다. 전구는 독립적으로 빛을 내도록 고안된 것이 아니기 때문이다. 즉, 전류에 연결될 때만 빛을 내도록 만들어진 것이다.

이와 마찬가지로, 사람이 본래 의도된 모습이 되기 위해서는 그 안에 하나님이 임재하셔야 한다. 하나님의 권능이 그를 통해 나타나야만 한다. 전구가 전기 없이는 제대로 기능하지 못하듯이, 사람도 하나님과 떨어진 상태에서는 제대로 기능할 수 없다. 물론 사람은 전구와 달리 혼자서도 그럭저럭 생활할 수 있다. 그러나 그가 성취한 것은 궁극적으로 허사가 되고 말 것이다.

이런 까닭에 주 예수 그리스도는 제자들에게 "나를 떠나서는 너희가 아무것도 할 수 없음이라"고 말씀하신 것이다. 예수님이 한 사람으로서 "아들이 …아무것도 스스로 할 수 없나니"라고 말씀하신 이유가 바로 이것이다.

하나님과의 관계가 회복됨으로써, 즉 주께서 십자가에서 이루신 일을 근거로 죄를 용서받고 우리 안에 하나님의 영이 거하게 됨으로써, 우리는 창조 때의 그 모습으로 돌아갈 수 있게 되었다. 전류에 연결된 전구처럼 창조된 목적을 회복할 수 있게 되었다. 하나님을 떠나서는 우리가 아무것도 할 수 없지만 하나님의 임재하심과 역사하심은 반드시 무언가를 이루게 하는 것이다.

"하나님의 모든 말씀은 능치 못하심이 없느니라" 눅 1:37.

좋은 크리스천의 잘못된 믿음

아무것도 이루지 못하는 것은 불가능하다

하나님과 함께 살며 그분께서 우리 안에서, 또 우리를 통해서 일하시도록 맡기면 "아무것도 이루지 못하는 것"이 불가능해진다. 전에는 무엇을 하는 것이 불가능했다면, 이제는 아무것도 하지 않는 것이 불가능해지는 것이다!

우리에게는 두 가지 선택 사항이 주어져 있다. 하나님 밖에 살면서 "아무것도 이루지 못하는 삶"을 살 것인가, 하나님과의 진실한 관계 속에서 "아무것도 이루지 못하는 것이 불가능한 삶"을 살 것인가? 선택은 둘 중 하나이다. 필연적으로 아무것도 이루지 못하는 삶인가, 아니면 아무것도 이루지 못하는 것이 불가능한 삶인가?

나라면 당연히 후자를 택하겠다. 죄를 사함 받고, 하나님이 내 안에 내주하시며 내 삶을 지도하시고 내게 명령을 내리시며, 성령으로 능력 있게 하시는 그런 삶 말이다. 그런 삶 속에서는 하나님이 일을 이루시며, 일상의 순간순간이 중요한 의미를 갖게 되고, 영원한 가치를 가진 일들이 이루어질 것이다. 예수님은 "나를 떠나서는 너희가 아무것도 할 수 없음이라"고 말씀하셨지만, 후에 하나님은 사도 바울로 하여금 "내게 능력 주시는 자 안에서 내가 모든 것을 할 수 있느니라" 빌 4:13고 고백하게 하셨다. 단, 바울이 "모든 것"이라 언급했을 때는 달 위로 점프하는 일 따위를 염두에 둔 것이 아니라, 하나님께서 그를 향해 계획하시고 의도하신 모든 일들이 예수 그리스도의 능력 안에서 이루어지리라는 뜻이었다.

아무 쓸모없는 존재

그리스도 밖에서는 아무것도 이루지 못하는 것이 당연하다. 그리하여 마지막 날에 우리는 빈손으로 하나님 앞에 서게 될 것이다. 그러나 그리스도 안에 있으면, 아무것도 이루지 못하는 것이 불가능해진다. 마지막 날에 우리는 하나님께서 행하신 모든 일들에 감사하는 마음으로 하나님 앞에 서게 될 것이다. 지금 당신의 삶은 어떤가? 아무것도 이루지 못하는 것이 당연한 삶을 살고 있는가, 아니면 아무것도 이루지 못하는 것이 불가능한 삶을 살고 있는가?

우리에게 이런 질문을 제기하고, 자신의 삶을 돌아보도록 하며, 그리스도 안에서 삶을 살도록 하는 것이 곧 복음의 목적이다. 물론 죄 사함(이것에 대해서는 후에 살펴보겠다)은 놀라운 사건이며, 천국에서의 영생 역시 가슴 설레는 일이다. 하지만 그것들은 구원이 지향하는 목적에 비하면 부수적인 것들이다. 죄 사함 받는 것은 구원의 근거이며, 천국에서 영생을 누리는 것은 구원의 결과이다. 그러나 구원의 주된 내용은 하나님과의 회복된 관계 그 자체이다.

> "하나님이 우리를 세우심은 노하심에 이르게 하심이 아니요 오직 우리 주 예수 그리스도로 말미암아 구원을 받게 하심이라 예수께서 우리를 위하여 죽으사 우리로 하여금 깨어 있든지 자든지 자기와 함께 살게 하려 하셨느니라" 살전 5:9-10.

우리가 육체적으로 살았든지 죽었든지, 구원은 "그분과 함께 사는 삶" 안에서 드러난다. 하나님은 태초에 사람을 창조하실 때, 그저 죄에서 깨끗케 하시려고 창조하신 게 아니었다. 그러므로 죄 사함만으로 우리를 하나님의 원래 목적대로 회복시키지 못하는 것이다. 또한 하나님은 사람을 천국에 충만케 하려고 창조하신 것도 아니다. 그러므로 천국을 향해 가는 것만으로는 우리를 하나님의 원래 목적대로 회복시키지 못한다.

사람은 하나님의 형상대로 창조되었다. 그래서 사람과 함께 있으면 하나님이 어떤 분이신가를 계속해서 알 수 있다. 하지만 우리는 하나님의 영광에 이르지 못하게 되었기에, 그 영광을 회복할 필요가 있다. 이것이야말로 구원의 궁극적인 목적이자 진정한 그리스도인의 표지이다. 그리고 바로 그 일을 예수 그리스도께서 하신다.

바울은 복음을 "너희 안에 계신 그리스도시니 곧 영광의 소망" 골 1:27 이라고 말한다. 이 말은 많은 이들이 설명하듯 천국의 소망을 뜻하는 것이 아니다. "영광"은 우리가 죄를 범함으로써 미치지 못하게 된 그 무엇이다. 그리고 "너희 안에 계신 그리스도" 곧 사람 안에 회복된 그리스도의 임재가 우리로 하여금 표적을 맞추고, 존재 목적을 이루며, 하나님의 성품을 계시할 수 있는 소망을 이루시는 것이다.

단, 이 일은 단번에 이루어지는 것이 아니라 조금씩 성장하는 과정을 수반한다. 우리는 주 예수 그리스도의 형상에 따라 계속 자라 갈 것이고, 그 과정은 우리가 그분의 임재 속으로 영원히 들어가기 전까지 끝나지 않을 것이다. 바울은 다음과 같이 말한다.

"우리가 다 수건을 벗은 얼굴로 거울을 보는 것같이 주의 영광을 보매 그와 같은 형상으로 변화하여 영광에서 영광에 이르니 곧 주의 영으로 말미암음이니라" 고후 3:18.

그리스도인의 삶에 나타나는 성장은 거룩함의 성장이며, 그 거룩함 속에서 우리의 행동 방식이 하나님과의 조화와 일치를 드러낸다. 그러나 어찌해야 그런 삶을 살 수 있을까? 또, 아무것도 이루지 못하는 것이 불가능한 삶에는 무엇이 관여하고 있는 걸까? 바로 다음 장에서 이 질문에 답해 보도록 하겠다.

Chapter 3.
하나님이 원하시는 삶

언젠가 10대 후반의 한 소녀와 이야기를 나눈 적이 있다. 대화중 나는 그 애에게 물었다. "너는 그리스도인이니?" 때는 청소년 수련회 기간이었기에 이런 질문을 하는 것이 매우 적절하다고 생각했다. "물론 저는 그리스도인이에요." 아이는 대답했다. "하지만 저는 선생님이 생각하는 그런 종류의 그리스도인은 아니에요." 나는 이 말에 약간 움찔하며 되물었다. "그럼 어떤 종류의 그리스도인이니?" 그러자 이런 대답이 돌아왔다. "그건 매우 개인적인 문제라 말하고 싶지 않아요."

그러나 나는 다시 묻지 않을 수 없었다. "네가 내가 생각하는 종류의 그리스도인인지 혹은 네 자신이 생각하는 어떤 특별한 종류의 그리스도인인지에 대해서는 관심이 없단다. 다만 내게 관심 있는 것은 네가 하나님이 생각하시는 종류의 그리스도인이냐 아니냐 하는 점이지."

오늘날 '그리스도인'이란 말이 사람들에게 여러 의미로 받아들여지고 있지만 결국 타당한 그리스도인은 오직 한 종류뿐이다. 하나님이 정하신 그리스도인인가 하는 것이다. 하나님의 계시 가운데 매력적인 것들만 선택하고 껄끄러운 부분은 무시할 자유가 우리에겐 없다. 더군다나 그렇게 하는 것은 기독교적이지도 않고, 그런 기독교는 생명을 나타낼 수도 없다. 우리는 오직 하나님이 규정하신 그리스도인의 삶을 살 수 있을 뿐이다. 그렇지 않으면 종교적일지는 몰라도 아무런 능력 없는 삶을 살게 될 것이다.

이렇게 가정해 보라. 런던에서 뉴욕까지 비행기를 타고 가기 원하는데, 여행사를 통해 얻은 정보가 마음에 들지 않는다. 비용은 너무 비싼데 실을 수 있는 짐은 너무 적단다. 이래서는 이용이 불가능할 것 같다. 그러나 여전히 그 항공사의 서비스만을 원하는 나는 궁리 끝에 내가 바라는 조건대로 여행하기로 작정한다.

나는 비행기 표 크기의 종이에다 진짜 비행기 표에 있는 내용을 세세히 적어 넣는다. 바로 나만의 비행기 표를 만들기 위해서다. 그런 다음 공항으로 가서 환한 미소를 띠며 수속 창구에 있는 직원에게 그 표를 내미는 것이다.

표를 본 직원은 아마도 나를 뚫어지게 쳐다볼 것이다. 그런 후 표를 내게 돌려주며 이렇게 말할 것이다. "죄송합니다만 이것으로는 비행기를 타실 수 없습니다."

"왜 안 되죠?" 기분이 나빠진 나는 항의한다. "그 비행기 표에는 '런던에서 뉴욕까지'라고 씌어 있고, 상단부엔 당신 항공사 이름도 적혀 있잖아요. 비행기 번호와 출발 시간도 정확하고, 오른쪽 하단부의 가격도 틀림없지 않습니까?"

그래도 직원은 이렇게 말할 것이다. "정말 죄송합니다. 적혀 있는 내용은 모두 맞습니다. 그러나 이 표는 유효하지 못합니다. 손님은 비행기를 타실 수 없습니다." 내가 만약 그 비행기 표 뒷면에 붉은 색으로 "이 항공사는 가장 훌륭한 회사"라고 썼다면 어떨까? 그 직원은 아마도 미소를 지으며 대답할 것이다. "이렇게까지 칭찬해 주시는 분은 많지 않은데, 정말 고맙습니다. 하지만 손님은 비행기를 타실 수 없습니다."

이번엔 그 비행기 표를 들고서 아예 로고송을 만들어 그에게 불러 준다고 상상해 보라. "놀라운 비행기, 달콤한 소리, 나같이 불쌍한 사람을 태워 주다니. 내가 전에는 걸어다녔지만 지금은 날고 있다네. 전에는 집에 갇혀 지냈지만 이젠 자유롭다네!" 그런 뒤 함께 노래하자고 제안하여 돌림 노래를 시작한다. 내가 먼저 선창한 뒤 그가 노래 중간쯤 들어와 함께 부르는 것이다. 우리는 정말로 훌륭한 화음으로 노래를 마쳤다. 그런 뒤 만족한 표정의 직원은 나를 돌아보며 이렇게 말할 것이다. "이렇게 저를 즐겁게 해주시니 정말 고맙습니다. 그러나 죄송하게도 손님은 비행기를 타실 수 없습니다. 여기 손님의 비행기 표가 있습니다. 이만 가 주시겠습니까?"

이렇게까지 했는데도 왜 나는 비행기를 탈 수 없는가? 비행기 표에 기재된 내용이 잘못되었기 때문인가? 아니다. 내용은 정확하다. 그렇다면 내가 말을 잘못했기 때문인가? 아니다. 그 직원은 항공사에 대한 나의 칭찬에 좋은 인상을 받았을 것이다. 그렇다면 내가 노래를 잘 못했기 때문인가? 아니다. 그 직원은 내 노래를 좋아했으며, 심지어 이 로고송을 TV 광고에 사용할 수 없느냐고 물었을 정도다. 내가 비행기를 탈 수 없는 이유는 매우 단순하다. 즉, 내 비행기 표가 잘못된 권위에 의해 발행되었기 때문이다. 유효한 비행기 표는 항공사에 의해 정식으로 발행된 것으로서 그렇지 못한 표는 효력을 갖지 못한다.

비행기 표의 예가 보여 주듯이 사람들은 예수 그리스도에 대해 올바른 감정을 표현할 수 있고, 합당한 찬송을 부를 수 있으며, 올바른 교회에 출석할 수 있고, 올바른 언어를 사용할 수 있다. 그러나 하나님이 정하신 규정내로 살지 않는다면 생명력을 전혀 발휘하지 못하는 기독교를 소유하게 될 것이다.

그래서는 천국행 비행기를 타고자 탑승 창구에 표를 갖다 내도 소용 없을 것이다. 그들의 삶에는 능력이 나타나지 않으며, 하나님에 대한 의식도 없다. 뿐만 아니라 그들에게 성경은 무미건조한 책이고, 기도는 고된 노동일 뿐이다. 그들의 삶 속에서 살아 계신 하나님의 역사하심을 목격하는 이는 한 사람도 없을 것이다.

요컨대 그리스도인의 삶의 조건은 논쟁이나 타협의 대상이 아니다.

문제는 하나님이 정하신 규정에 따라 살고 있는가, 그렇지 않은가 이다. 그렇다면 우리의 할 일은 하나님이 정하신 규정을 알아내어 그것을 잘 지켜 가는 것이다.

값없이 받은 구원의 대가

우리는 그리스도인이 되는 데 있어 그리고 그리스도인으로 살아가는 데 있어 분명한 대가가 요구된다는 사실을 인정해야 한다. 하지만 구원을 "값없이" 받는다고 하지 않던가? 물론 이 말은 너무도 분명한 진리이다. 하지만 제한된 의미 내에서만 그렇다. 구원을 돈으로는 살 수 없으며, 우리의 선행을 기초로 흥정할 수 없다는 의미에서만 구원은 값없는 것이다.

"너희는 그 은혜에 의하여 믿음으로 말미암아 구원을 받았으니 이것은 너희에게서 난 것이 아니요 하나님의 선물이라 행위에서 난 것이 아니니 이는 누구든지 자랑하지 못하게 함이라" 엡 2:8-9.

이런 관점에서 그리스도인이 누리는 생명은 전적으로 공짜다. 만약 그렇지 않다면 우리에겐 소망이 없을 것이다. 영생은 "하나님의 은사"라고 사도 바울은 말한다 롬 6:23.

그런데 정작 예수 그리스도는 구원이 공짜라고 말씀하신 적이 없다.

그분은 구원에는 언제나 대가가 요구된다고 말씀하셨다. 나아가, 그 대가를 계산하여 이를 지불할 용의가 있을 때 구원을 받아들이라고 사람들에게 가르치셨다. 그리스도인이 누리는 생명이 값없다는 말은 그 생명이 값싸다는 뜻이 아니다. 생명은 하나님의 말씀에 고개를 끄덕이거나 하나님에 대한 사실 몇 가지를 믿는다고 해서 얻어지는 것이 아니다. 거기에는 반드시 지불해야 할 마땅한 대가가 있다.

"수많은 무리가 함께 갈새 예수께서 돌이키사 이르시되 무릇 내게 오는 자가 자기 부모와 처자와 형제와 자매와 더욱이 자기 목숨까지 미워하지 아니하면 능히 내 제자가 되지 못하고 누구든지 자기 십자가를 지고 나를 따르지 않는 자도 능히 내 제자가 되지 못하리라 너희 중의 누가 망대를 세우고자 할진대 자기의 가진 것이 준공하기까지에 족할는지 먼저 앉아 그 비용을 계산하지 아니하겠느냐 그렇게 아니하여 그 기초만 쌓고 능히 이루지 못하면 보는 자가 다 비웃어 이르되 이 사람이 공사를 시작하고 능히 이루지 못하였다 하리라 또 어떤 임금이 다른 임금과 싸우러 갈 때에 먼저 앉아 일만 명으로써 저 이만 명을 거느리고 오는 자를 대적할 수 있을까 헤아리지 아니하겠느냐 만일 못할 터이면 그가 아직 멀리 있을 때에 사신을 보내어 화친을 청할지니라 이와 같이 너희 중의 누구든지 자기의 모든 소유를 버리지 아니하면 능히 내 제자가 되지 못하리라" 눅 14:25-33.

그러므로 우리는 대가를 심각하게 고려해야 한다. 그에 대해 이해하고 가늠해 보아야 한다. 오직 대가를 지불할 때만 '그리스도인'이라 불릴 자격이 주어지며, 하나님과의 교제를 통해 실질적인 열매를 맺을 수 있게 된다.

한번은 한 청년이 예수님을 찾아와 영생을 구한 적이 있다. 그러나 예수님은 그의 요구를 거절하셨다. 결국 그는 아무것도 얻지 못하고 떠났다. 그의 요구는 마음에서 우러난 것이었지만, 그는 요구에 따른 대가를 지불하려 하지 않았던 것이다.

"예수께서 길에 나가실새 한 사람이 달려와서 꿇어 앉아 묻자오되 선한 선생님이여 내가 무엇을 하여야 영생을 얻으리이까" 막 10:17.

이것은 좋은 질문이었다. 또한 그의 태도 역시 진지하고 진실했다. 만약 우리가 당시 그 자리에 있었다면 이 광경에 깊이 감명 받았을 것이다. 그는 달려왔으며 곧 주 앞에서 무릎을 꿇었고 오직 올바른 응답을 받기만을 원하며 주님께 간구했다.

잠시 대화를 나누신 후 예수님은 그에게 "네게 한 가지 부족한 것이 있다"라고 말씀하셨다. 요구하는 것을 얻기 위해서는 대가가 필요했던 것이다. 그 다음 나오는 예수님의 말씀은 아마도 주변의 무리들과 그 청년에게 충격적이었을 것이다.

"가서 네게 있는 것을 다 팔아 가난한 자들에게 주라 그리하면 하늘에서 보화가 네게 있으리라 그리고 와서 나를 따르라" 막 10:21.

좋든 싫든 이것은 영생을 얻기 위한 방법으로, 예수님이 정하신 것이었다. 그러나 그 청년은 이를 받아들이지 못했다.

"그 사람은 재물이 많은 고로 이 말씀으로 인하여 슬픈 기색을 띠고 근심하며 가니라" 막 10:22.

앞에서 마가는 "예수께서 그를 보시고 사랑하사"라고 기술했다 21절. 그러나 청년이 떠나고자 할 때 예수님은 그를 막지 않으셨다. 우리가 아는 한, 청년은 결코 영생을 얻지 못했다. 예수님은 그에게 돌아오라고 말씀하지 않으셨고 다음과 같이 타협을 청하는 법도 없으셨다. "힘든 요구를 해서 미안하다. 너를 놀래켜 떠나게 할 생각은 없었단다. 관계 회복을 위해 타협하자. 너는 어떤 종류의 그리스도인이 되기를 원하니? 네가 소유한 모든 것을 팔 생각이 없다면, 좋다! 얼마만큼 포기할 수 있겠느냐?" 다시 한 번 강조하지만, 영생을 얻기 위한 조건은 토론이나 협상의 대상이 아니다!

그렇다면 여기서 문제의 핵심은 무엇인가? 부자인 것이 잘못인가? 아니다. 성경은 부한 것이 잘못이라고 결코 말하지 않는다. 예수님은 "재물이 있는 자는 하나님의 나라에 들어가기가 심히 어렵도다"라고

만 말씀하셨다막10:23. 또한 성경은 부한 것이 잘못이라고 기록하지 않고 부의 위험성과 부하고자 하는 욕망의 위험성에 대해 경고할 따름이었다.

> "부하려 하는 자들은 시험과 올무와 여러 가지 어리석고 해로운 욕심에 떨어지나니 곧 사람으로 파멸과 멸망에 빠지게 하는 것이라 돈을 사랑함이 일만 악의 뿌리가 되나니 이것을 탐내는 자들은 미혹을 받아 믿음에서 떠나 많은 근심으로써 자기를 찔렀도다" 딤전 6:9-10.

이처럼 성경에는 부하려는 욕심의 위험성을 경고하는 말씀들이 많다. 그러나 부를 소유하는 것 자체가 잘못은 아니다. 때때로 하나님은 사람들에게 부를 허용하신다. 문제의 핵심은 훨씬 더 근본적이다. 즉, 어리석은 부자 청년의 부는 문제의 핵심이기보다는 문제를 비추는 하나의 현상인 것이다.

예수님은 산상설교에서 다음과 같이 말씀하셨다.

> "한 사람이 두 주인을 섬기지 못할 것이니 혹 이를 미워하고 저를 사랑하거나 혹 이를 중히 여기고 저를 경히 여김이라 너희가 하나님과 재물을 겸하여 섬기지 못하느니라" 마 6:24.

어리석은 부자 청년과의 대화에서 예수님은 그의 삶에서 명백하게 드러나는 우상, 즉 그의 소유물을 지적하고 계신 것이다. 예수님은 청년에게 다음과 같이 명령하셨다. "영생을 소유하고 싶으냐? 그렇다면 영생이란 새로운 주인을 모시는 것임을 이해해야 한다. 영생은 소유물을 하나 더 추가하는 것이 아니라 한 인격을 받아들이는 것인데, 그 인격은 바로 하나님 자신의 인격이다. 그리고 하나님은 본질상, 온전한 주인으로 행하실 수 없는 자리에는 거하지 않으신다." 이 말씀은 매우 유효적절한 것이었다.

그러나 청년에겐 문제가 있었다. 그에겐 이미 행동에 동기를 부여하고, 결정에 영향을 끼치며, 그의 가치관을 결정하는 하나의 주인-신이 존재했던 것이다. 그 신은 곧 청년의 소유물과 돈이었다. 하지만 두 주인을 모시기가 불가능하므로 참된 신을 받아들이기 전에 먼저 현재의 신을 내보내야 했다. 참된 신이 그 사람 안에 사는 것이 바로 영생이므로, 예수님은 그에게 다음과 같이 명령하셨다. "영생을 얻고 싶으면 너의 모든 소유를 팔아 가난한 자에게 주어야 한다. 다시 말해, 현재 네가 섬기고 있는 신을 몰아낸 후에 나를 따라야 한다는 말이다."

어떤가, 이것이 어려운 요구로 생각되는가? 아마도 대부분이 그렇다고 느낄 것이다. 그러나 이것이야말로 그리스도인의 삶의 가장 기초적인 핵심과 연관된 문제이기에 타협은 조금도 있을 수 없다. 주님은 어리석은 부자 청년과 타협하여 요구치를 낮추지 않으셨고 그를 원칙에서 제외시켜 주지도 않으셨다. 예수님은 그를 사랑하셨지만 단호히 대하셨고 그의 마음에 혼란이 조금도 남지 않은 상태에서 청년을 떠나

보내셨다. 그는 예수님의 요구를 받아들이지 않았다. 따라서 그는 그리스도인이 아니었다.

어리석은 부자 청년에 대해 좀더 살피기 전에, 잠시 생각하는 시간을 가져 보자. 만약 이 어리석은 부자 청년 같은 사람들이 오늘날 우리 교회에 들어오면 어떤 일이 벌어질까? 그는 교회에 들어오자마자 앞으로 달려가 무릎을 꿇고 물을 것이다. "내가 무엇을 하여야 영생을 얻겠습니까?" 이때 그는 과연 어떤 대답을 듣게 될까? 당신이라면 어떻게 답하겠는가? 기독교 안에 있는 많은 분파들을 고려해 볼 때, 아마도 수천 가지의 다른 대답들이 나올 것이다. 세월이 흐르는 동안 많은 신조들이 생겨나고 발전해 왔다. 그러나 그 신조들은 점점 지키기 쉬운 방향으로만 진행되어 왔고, 가치의 보존에는 그다지 신경을 쓰지 않는 것 같다.

어떤 사람들은 그에게 교회에 나와 세례를 받고 여러 활동에 참여하기만 하면 된다고 말할 것이다. 내가 아는 많은 교회에서는 더욱 단순하게 답할 것이다. 즉, "그건 매우 간단합니다. 예수님이 당신의 삶에 들어오시도록 요청하기만 하면 됩니다"라고 모호하게 조언하는 것이다. 실상 이런 식의 조언은 신약 성경 어디서도 찾아볼 수 없다. 그런데도 이 말이 그간 조금씩 발전되어 오더니, 오늘날에는 복음적인 진술로서 일반적으로 받아들여지고 있다.

성경에 나오는 사람들 중에 예수님을 자신의 삶에 모시도록 요청받은 사람이 있던가? 단언컨대 없다! 그러나 오늘날 많은 이들에게 이것은 그리스도인이 되는 방법으로 인정될 뿐 아니라 정통적 관행으로 자리하고 있으며, 더 나아가 그리스도인이 되는 유일한 방법으로까지 여겨지고 있다.

물론 사람 안에 예수님이 오셔서 거하신다는 말은 완전한 진리이다. 후에 다시 살피겠지만, 한 사람을 그리스도인으로 만드는 것도 바로 그런 행위를 통해서다. 그러나 단지 요청만으로 그리스도께서 그 사람 안으로 들어오시리라 말하는 것은 지혜롭지 못하고, 비성경적이며, 핵심에서 엇나간 발언이다.

그런데도 대개의 경우, 우리는 그 사람에게 그렇게 말하고 그리스도를 영접하는 기도를 한 후에 "당신은 진심으로 그리스도를 영접하셨습니까?"라고 물어본다. 만약 그가 그렇다고 대답하면, 우리는 그가 이제 그리스도인이 되었다고 선포한다. 그리고는 신앙적으로 성장하는 방법, 성경을 읽는 법, 교회에 출석하는 것에 대해 조언한 다음, 그를 집으로 돌려보낸다. 그 후에는 이 부자 청년이 하나님께 돌아왔다고 교회 사람들에게 전할 것이다. 모두들 흥분할 것이며, 특히 교회 재정을 맡고 있는 자가 더욱 흥분할 것이다. 교회 측에서는 그에게 간증을 부탁할 것이며, 사업가 오찬 모임에서도 연설하도록 할 것이고, 그를 최대한으로 활용하고자 고심할 것이다.

그러다 약 6주 후에 교회기도 모임에 참석한다면, 사람들은 그 부자 청년을 위해 기도하기를 청할 것이다. 사람들은 "그가 타락하고 있어요. 신앙이 식고 흥미를 상실하고 있어요"라고 말할 것이다. 그러나 그는 타락하고 있는 것이 아니다. 그는 아예 그리스도인이 아니었다. 더 비극적인 일은 그 다음에 일어난다. 어떤 사람이 그에게 그리스도에 대해 말할라치면, "됐습니다. 전에 한 번 믿어 본 적이 있지만 아무 소용없었어요"라는 대답이 돌아올 것이다.

예수님께 왔던 그 젊은이가 떠날 때, 그의 마음에는 결코 혼동이 없었다. 그는 그리스도인이 아니었던 것이다. 사실 그는 그 어떤 것도 시도하지 않았다. 그는 여전히 그리스도 밖에 있었고, 영생을 소유하지 못했다. 그리고 스스로 이런 사실을 알고 있었다.

부자, 젊음, 관원

이제는 그 부유하고 젊은 관원을 이해하고자 노력해 볼 차례다. 사실, 우리는 세 가지를 제외하고는 그에 대해 아는 게 없다. 그 세 가지란 그가 부자라는 것, 젊다는 것, 그리고 관원이라는 사실이다. 이 세 가지 사실이 그에 대한 정보의 전부이며, 우리가 그를 "부유하고 젊은 관원"이라고 부르는 이유이다. 그리고 이 세 가지 사실은 모두 매력적이다.

부유함은 얼마나 매력적인가. 부유함은 상대적인 개념으로서, 우리 대부분은 자신이 속한 사회의 기준으로 볼 때 인정받을 만큼의 부를 소유하고픈 마음이 있을 것이다.

젊다는 것도 역시 매력적이다. 특히 당신의 나이가 많다면 더욱 그럴 것이다. 주변 사람들에게 해줄 수 있는 가장 좋은 칭찬도 실제 나이에 비해 젊어 보인다는 것 아닌가.

더불어 관원이라는 사실도 매력적이다. 성경은 그 젊은이가 무엇을 다스렸는지에 대해서는 언급하지 않는다. 그러나 그가 다스린 영역이 무엇이건 간에, 명령하고 부하들이 그 일을 하기를 기대하는 것이 그의 삶의 한 모습이었다. 남에게 부림 받는 것이 아니라 남을 지휘하는 삶이라! 이런 삶 또한 근사하지 않은가 말이다.

그러나 이 청년이 가만히 앉아 생각하는 동안 한 가지 큰 문제점을 발견한다. 자신은 부자이고 젊으며 또 관원이지만, 언젠가는 이 모든 것들이 다 사라질 것이기 때문이다. 언젠가는 그도 죽을 것이다. 그가 죽으면 더 이상 부자가 아니며, 더 이상 젊지도 않고, 더 이상 관원도 아니다. 또한 그는 꼭 늙어 죽지 않을 수 있다는 점도 알았다. 젊은 나이에도 얼마든지 절명할 수 있는 것이다. 바로 다음날 낙타에 치어 죽을 수도 있다. 고심 끝에 그는 다음과 같이 결론 내린 듯하다. '이 문제에 대한 유일한 해결책이 있는데, 그것은 결코 끝나지 않는 생명을 소유하는 것이야' 라고 말이다.

이런 상황에서 누군가 그에게 "나사렛 예수에 대해 들어 본 적 있습니까?"라고 물었을 것이다. "아니오, 그가 누굽니까?" "그는 설교자요." "무엇에 대해 설교합니까?" "영생에 대해서요." "영생이요? 그건 바로 내가 찾던 것이오! 내가 영생에 대한 확신을 가질 수만 있다면, 나의 이 근원적인 두려움의 문제가 해결될 것이고 나의 필요가 채워질 것입니다. 아, 어서 그를 만나 봐야겠소!" 그리고 그는 이를 실행에 옮겼다. 청년은 달려와 군중들을 비집고 들어가서는 주 앞에 무릎을 꿇고 이렇게 말했다. "나에게 한 가지 소원이 있는데, 당신만이 이 소원을 이루어 주실 수 있습니다. 내가 무엇을 하여야 영생을 얻겠습니까?" 그러나 이 질문에 대한 예수님의 대답을 듣고, 청년은 쓸쓸히 떠나야 했다.

그리스도인의 삶은 예수 그리스도의 주되심에 항복함으로써 시작된다. 그분의 성육신과 십자가에서 죽으심, 그리고 죽은 자 가운데서의 부활은 모두 인간들과의 관계를 회복하시고자 하는 하나님의 계획이다. "이를 위하여 그리스도께서 죽었다가 다시 살아나셨으니 곧 죽은 자와 산 자의 주가 되려 하심이라" 롬 14:9. 바울도 다음과 같이 기록했다.

"그가 모든 사람을 대신하여 죽으심은 살아 있는 자들로 하여금 다시는 그들 자신을 위하여 살지 않고 오직 그들을 대신하여 죽었다가 다시 살아나신 이를 위하여 살게 하려 함이라" 고후 5:15.

이제 그 부유하고 젊은 관원의 근본적인 문제가 뭔지 알 수 있겠는가? 바로 그는 자신의 주인으로서의 그리스도가 아니라, 자신의 종으로서의 그리스도를 원했던 것이다. 그는 그리스도께서 자기에게 무엇을 하도록 명하시길 원치 않았으며, 단지 자신의 필요를 채워 주길 원했다.

그러나 그런 하나님은 어디에서도 경험할 수 없다. "나는 당신을 나의 구주로서 경험하길 원합니다. 그러나 당신이 내 인생의 주인이 되어 무엇을 하고 어떻게 살라고 명하시는 것은 원치 않습니다"라고 말한다면, 그는 분명 그리스도로부터 아무것도 얻지 못할 것이다.

더불어 만약 우리가 누군가를 그런 식으로 그리스도인이 되게 한다면, 그는 언젠가 쓸쓸히 떠나고 말 것이다. 그런데 세계 여러 곳을 다니며 설교를 해보니, 애석하게도 이런 식의 사고가 너무도 분명히 자리잡고 있었다. 참으로 염려스러운 현상이다. 더욱이 오늘날 많은 교인들은 두 종류의 그리스도인이 존재한다고 생각하는 것 같다.

하나는 일반적인 그리스도인으로, 그리스도를 구주로 알고 과거의 죄가 사해졌으며 장차 죽어서 하늘나라로 가게 될 사람들이다. 또 하나는 더 훌륭한 그리스도인인데, 그들은 신앙의 우등생으로서 그리스도를 구주로뿐 아니라 제 삶의 주인으로 받아들인 이들이다. 이 우등 그리스도인들은 설교를 통해 일반 그리스도인으로 하여금 한걸음 더 나아가 예수님을 자신의 주로 인정하게끔 설득한다. 그러나 기억하라. 예수님이 우리를 구원하실 수 있는 것은 그분이 우리의 주이시기 때문이다.

그리스도인은 제 삶의 주인으로 그리스도를 용납한 자들이다. 그리스도인의 종류는 오직 하나다. 그리스도인은 구원자로서 역사하시는 예수님을 체험하며 만나는 자이다.

그리스도에 대한 이해

우리는 인생의 주인이신 그리스도에 대해 너무 자기 식으로 말하려는 경향이 있다. 그러나 그래서는 곤란하다. 이제는 성경의 객관적인 언어, 그리스도의 주되심을 객관적인 진리로서 말하는 말씀을 따라야 한다. 성경의 진리는 내가 그분을 믿고 복종할 때만 진리인 것이 아니라 내가 믿지 않는다 하더라도 여전히 진리이다. 내가 믿든 믿지 않든, 내가 복종하든 복종하지 않든, 확고한 진리인 것이다. 베드로는 오순절 날 복음에 대해 설명하면서 다음과 같은 말로 설교를 끝냈다.

"그런즉 이스라엘 온 집은 확실히 알지니 너희가 십자가에 못 박은 이 예수를 하나님이 주와 그리스도가 되게 하셨느니라" 행 2:36.

예수께서 우리의 주님이신 까닭은, 우리가 예수님을 주로 모시기 때문이 아니라 하나님이 그분으로 하여금 우리의 주가 되게 하셨기 때문이다. 예수님의 생애, 사역, 죽음, 부활, 그리고 하나님의 보좌 우편으로 승천하심의 결과 그분은 주가 되셨다.

예컨대 최고 속도가 시속 50킬로미터인 속도제한 표지판을 보았는데도 시속 80킬로미터로 달리고픈 마음에 가속 페달을 계속 밟는다면 순찰차가 시속 100킬로미터로 달려와 당신 차를 따라잡을 것이다. 차를 멈추게 한 다음 경찰들이 당신을 향해 걸어온다. "선생님께서 얼마나 빠른 속도로 달리셨는지 압니까?" 한 경찰이 묻는다. "예, 시속 80킬로미터요"라고 당신이 대답한다.

이미 한 손에 스티커를 든 경찰은, "선생님은 지금 시속 50킬로미터 구간을 달리고 있다는 것도 아십니까?"라고 되물을 것이다. 이때 당신이 맞받아친다. "예, 알고 있습니다. 하지만 한 가지 묻고 싶군요. 이 도로에서 시속 50킬로미터가 넘으면 안 된다고 누가 정해 놓았죠?" 경찰은 기가 차서 대답할 것이다. "이 나라 정부에서 만든 법규에 그렇게 정해져 있습니다." "그렇다면 그 법규는 저와는 상관없습니다. 저는 현 정부에 표를 던지지 않았거든요. 저는 현 정부를 좋아하지 않아요. 그들이 하는 일에 찬성하지도 않고요."

이렇게 말한다 한들 당신이 그 법규에서 제외되겠는가? 당연히 아니다. 한 나라의 법은 당신이 찬성하든 반대하든 엄연히 존재하기 때문이다. 따라서 저항한다고 해도 벌금을 물 수밖에 없으며, 벌금 지불을 거부하면 감옥에 가게 될 것이다.

마찬가지로 그리스도의 주되심은 객관적인 실재로서 이해되어야 한다. 그리스도가 주되신 것은 우리가 그분을 주로 삼았기 때문이 아니라, 하나님께서 그분을 주로 삼으셨기 때문이다. 그리고 내가 그분의 주되심을 기뻐하든 말든, 모든 역사는 예수 그리스도의 발 아래서 종말을 맞을 것이며 그분의 심판을 받게 될 것이다. 바울은 이렇게 기록한다.

> "하나님이 그를 지극히 높여 모든 이름 위에 뛰어난 이름을 주사 하늘에 있는 자들과 땅에 있는 자들과 땅 아래에 있는 자들로 모든 무릎을 예수의 이름에 꿇게 하시고 모든 입으로 예수 그리스도를 주라 시인하여 하나님 아버지께 영광을 돌리게 하셨느니라" 빌 2:9-11.

성경은 그리스도의 주되심이 확고부동한 사실이며 모든 세대가 이 사실을 깨닫게 되리라고 가르친다. 복음이 중요한 이유가 바로 여기에 있다. 우리는 복음이 유용하기 때문에 전하는 것이 아니라 복음이 진리이기 때문에 전하는 것이다.

한 사람이 그리스도인이 되어야 하는 이유는 그 사람의 필요 때문이 아니라 예수 그리스도가 진리이고 그분이 주님이시기 때문이다. 우리가 복음의 유용성만을 주장하려 든다면, 그 순간부터 우리는 사람들에게 유용하다고 주장하는 수천 가지의 다른 것들과 경쟁을 벌여야 한다. 또한 그리스도를 전하면서 그분이 사람들의 필요를 채워 주시는 분이라고만 말한다면, 비교적 고통이 없고 자기 스스로 문제를 잘 해결해 나갈 수 있는 사람들에게는 전할 것이 없을 것이다.

기억하라. 복음이 소중한 까닭은 그것이 진리이기 때문이다. 모든 역사는 언젠가 예수 그리스도의 주되심을 받아들일 수밖에 없는 때를 맞게 된다. 이에 대해 우리가 선택할 길은 하나뿐이다. 지금 자발적으로 그분의 주되심을 받아들일 것인가, 아니면 더 이상 기회가 없는 마지막 날까지 기다릴 것인가?

더불어 우리는 주되신 그분께 복종하느냐 안 하느냐의 갈림길에 서 있기도 하다. 우리는 정부의 권위에 복종하기를 거부할 수 있다. 그러나 그 순간에도 우리는 여전히 정부의 권위 아래 있는 것이다. 그 권위는 존재의 배경으로서 존재하기 때문이다. 마찬가지로 우리는 예수 그리스도의 권위에 복종하기를 거부할 수 있다. 그러나 거듭 말하지만 주의 주되신 권위 역시 존재의 배경이기에, 우리가 거부하더라도 그 영향력은 결코 사라지지 않을 것이다. 따라서 우리는 예수 그리스도에 관해 한 가지 기본적인 선택을 해야 한다. 자발적이고 자유롭게 그분께 복종하겠는가, 아니면 "모든 무릎을 예수의 이름에 꿇게 하시고 모든 입으로 예수 그리스도를 주라 시인하"게 하시는 때에 강압적으로 그분께 복종하려는가? 그러나 마지막 날까지 기회가 유효할지는 의문이다. 그리스도인이 되는 일에는 바로 지금 그분께 항복하려는 자발성이 요구된다.

그리스도에 대한 태도

그리스도에 관한 사실들을 알게 되었다면, 그에 합당한 태도를 지녀야 한다. 이것이 바로 젊은 부자 관원이 직면했던 문제였다. 그분이 주님임을 인식한다면, 우리는 그분이 자유롭게 주되심을 드러내도록 겸손해져야 한다. 삶에 대한 그분의 배타적인 지배권을 인정하고, 그분의 목적과 계획을 성취하며, 그분을 기쁘게 해드리고자 하는 열망 안에서 우리 자신을 구별해 드려야 한다.

내가 결혼하기 전, 이 세상에는 나와 결혼할 가능성이 있는 여자들이 많이 있었다. 전 세계에는 20억이 넘는 여자들이 있다. 그중 유부녀나 연령대가 맞지 않는 경우를 제외하고, 실제로 가능성이 있었던 여자를 대략 전체의 0.1퍼센트로 잡아 보자. 그렇게만 해도 대략 2백만 명이 넘는다. 얼마나 선택의 폭이 넓었던가! 그러나 나는 힐러리라는 한 여자를 사랑하게 되었고 그녀에게 청혼하게 되었다. 그리고 더 놀랍게도 그녀는 나의 청혼을 받아들였으며, 결혼식 날 나는 "세상의 다른 모든 여자들을 포기하고 사는 날 동안 오직 그녀만을 사랑하겠다"고 서약했다. 2백만의 가능성 중에서 하나를 선택하는 순간, 나머지 1,999,999개의 가능성은 나에게 소용없게 되었다. 물론 나 또한 그들에게 소용이 없게 되었다. 이제 힐러리는 남편인 나의 사랑과 헌신을 독점할 권리를 지니게 되었다.

뜬금없다고 여길지도 모르겠지만, 이 이야기는 우리가 그리스도와 맺어야 할 관계에 대한 하나의 예시다. 그분 역시 우리 삶을 지배하는 권위자로서 배타적인 권리를 소유하시기 때문이다. 이것이 바로 예수님이 "무릇 내게 오는 자가 자기 부모와 처자와 형제와 자매와 더욱이 자기 목숨까지 미워하지 아니하면 능히 내 제자가 되지 못하고"눅 14:26 라고 말씀하신 이유이다. 이 말씀은 우리가 아버지, 어머니, 아내, 자식들, 형제, 자매를 갖는 것이 잘못되었다고 주장하는 것이 아니다. 다만 나쁜 것뿐 아니라 옳고 선한 것에 대해서도 그리스도께서 우선순위를 가지신단 뜻이다.

힐러리와 결혼하던 날, 나는 힐러리가 내 삶에서 다른 누구보다도 우선되는 위치에 있음을 인정했다. 하지만 결혼이 배타적 성격을 갖고 있다고 해서 결혼생활에 긴장이나 오해, 다툼이 전혀 없는 것은 아니다. 부부관계처럼 가까운 관계에서는 마찰이 반드시 생기며, 서로 사과하고 부부간에 생긴 마음의 장벽을 꼭 처리해야만 하는 때가 있다. 물론 이때조차도 결혼서약은 유효하다.

마찬가지로 그리스도인이 예수 그리스도께 우리 삶의 최우선적인 자리를 내어 드린다 해도 문제나 나둠, 죄 혹은 실패가 완전히 없어지진 않는다. 인생에서는 이것들을 피할 길이 없기 때문이다. 사도 요한은 "만일 우리가 죄가 없다고 말하면 스스로 속이고 또 진리가 우리 속에 있지 아니할 것이요."요일 1:8라고 말한다. 그러나 죄를 짓는다 하더라도 자백하고 돌이키고자 한다면 하나님이 용서해 주신다. 우리가 여러 가지로 실패하더라도 예수님과의 관계는 손상되지 않을 것이다.

나는 자주 "그리스도인이 되려면 얼마나 많은 것을 포기해야 하나요?"라는 질문을 받는데, 그간은 이렇게 대답했다. "글쎄요. 그건 상황에 따라 다른 문제지요." 그러고는 질문한 사람이 놀라지 않도록 조심하면서, 우리가 포기해야 하는 것은 결국 우리에게 나쁜 것들뿐임을 알려 주곤 했다. 그러나 이제는 그런 식으로 말하지 않는다. 간략히 "모든 것을 포기해야 합니다"라고 말한다.

예수님은 "너희 중의 누구든지 자기의 모든 소유를 버리지 아니하면 능히 내 제자가 되지 못하리라" 눅 14:33고 말씀하셨다. 이 말씀은 예수님이 모든 것을 가져가시겠단 뜻이 아니라, 내가 소유한 모든 것이 이제는 그분의 권위 아래서 움직여져야 함을 가리킨다. 내 삶이 그분의 목표를 이루는 데 기여해야 한다는 뜻이다. 그러지 않고는 주님의 제자가 될 수 없기 때문이다.

부디 어떤 사람들이 말하듯이, 제자와 그리스도인을 서로 구분 짓지 말라. 그리스도인이라는 말은 제자들에게 붙여진 또 다른 이름이었을 뿐이다. "제자들이 안디옥에서 비로소 그리스도인이라 일컬음을 받게 되었더라" 행 11:26. 그러므로 그리스도인으로 불릴 자격을 얻게 되는 것은 제자가 될 때이다. 요컨대 제자도의 요구를 충족시키는 제자가 아니라면 그리스도인이 아닌 것이다.

이렇게 말하는 것이 너무 심한 것 같은가? 그리스도께 모든 것을 드린다는 말이 너무 한쪽으로 치우친 말로 들리는가? 혹자는 "그분의 주 되심이 나에게 어떤 의미를 갖겠어요?"라고 질문할지도 모르겠다. 그렇다면 다음 장에서 이에 대해 좀더 살펴보자.

Chapter 4.
예수 그리스도의 주되심

몇 해 전에 나는 친구와 함께 어느 커피숍을 방문하여 거기 모이는 젊은이들과 예수 그리스도에 관해 대화한 적이 있다. 젊은이들이 모이는 시간은 대개 낮 시간대였다. 당시 나는 그리스도에 대해 전달하기 시작한 때였고, 친구는 나보다 훨씬 더 많은 전도 경험이 있었다. 그래서 친구에게 대화의 주도권을 대부분 넘겼다.

한번은 한 청년과 이야기를 나누게 됐는데, 그는 우리의 말을 열린 자세로 경청했다. 내 친구는 우리의 존재 의미와 목적을 그리스도 안에서 발견할 수 있노라고 매우 조심스럽고도 친절하게 말했다. 대략 두세 시간 동안 서로 이야기하자, 그 청년은 자신을 그리스도께 드릴 마음의 준비가 된 듯이 보였다. 이를 눈치 챈 친구가 갑자기 그에게 질문했다. "오늘 저녁 우리가 나눈 모든 대화를 생각해 볼 때, 자네가 그리스도인이 되지 말아야 할 이유가 있는 것 같나?" 그는 잠시 머뭇거리더니, 내 친구를 돌아보며 말했다. "아니오. 나는 그 어떤 이유도 찾을 수 없어요."

청년의 말에 나는 흥분했다. 그런데 놀랍게도 그 순간 친구가 테이블 위로 몸을 내밀더니 이렇게 말하는 게 아닌가. "그러면 내가 그 이유를 몇 가지 말해 주지!" 그러더니 몇 분 동안 그리스도인이 되는 데 따르는 대가에 대해 설명했다. 그의 삶 전체와 그의 미래와 야망과 친구 관계와 재산과 그의 전 존재를 하나님께 양도해야 할 필요성에 대해 말했던 것이다. 친구는 청년이 이 모두를 할 마음이 있어야 비로소 그리스도께서 그의 삶에서 효과적으로 역사하실 수 있게 된다고 강조했다.

나는 친구가 하는 말을 들으며 의자 뒤로 물러앉는 그 청년을 바라보았다. 나 역시 당황하여 의자 깊이 물러앉았다. 그러자 내 친구는 더욱더 몸을 테이블 위로 내밀더니 물었다. "아직도 네가 그리스도인이 되지 말아야 할 이유를 알지 못하겠니?"

그러자 잠시 후 청년이 대답했다. "이제 몇 가지 이유가 생각납니다." 친구는 말했다. "그렇다면 그 모든 이유들을 해결하고 모든 것을 그리스도께 양도할 마음이 생기기 전에는 그리스도인이 되려고 하지 마라." 잠시 후 우리는 그 청년과 주소를 주고받고서 다음에 다시 만날 약속을 했다.

커피숍에서 나왔을 때 나는 이미 친구에게 화가 난 상태였다. "도대체 뭘 하려는 거야?" 나는 버럭 소리를 질렀다. "거의 전도될 뻔했는데, 네가 그를 두렵게 해서 마음이 변했잖아!" 그러자 놀랍게도 친구는 이렇게 되물었다. "그런 상황에서 예수님은 어떻게 하셨을까?"

사실, 나는 그에 대해 전혀 생각해 본 적이 없었다. 성경공부 시간에도 이것을 다룬 적이 없었던 것 같다. 나는 내 생각에 분명 정답일 것 같은 말을 했다. "예수님은 사람들에게 가능한 빨리 그분을 따르도록 말씀하셨겠지." "아니, 틀렸어. 예수님은 절대로 자신을 따르는 일을 쉬운 것으로 만들지 않으셨어. 오히려 관심을 보이는 모든 사람들에게 제자도의 대가와 요구 조건들을 말씀하셨지."

그날 밤 우리는 함께 앉아 예수님을 따르려는 사람들에게 주께서 어떻게 반응하셨는지를 알아보기 위해 성경을 뒤졌다. 그 결과 나는 놀라지 않을 수 없었다. 우리가 성경에서 발견한 것은 예수님께 나왔다가 아무것도 얻지 못하고 빈손으로 돌아간 한 부유한 젊은 관원과, 열정을 갖고 예수님께로 나아와 예수님을 좇겠다고 말하던 서기관에수님은 그에게 "여우도 굴이 있고 공중의 새도 거처가 있으되 인자는 머리 둘 곳이 없다" 마 8:19-20고 말씀하심으로써 무주택자인 예수님의 삶에 동참할 것을 요구하셨다, 그리고 자신의 부친을 장사하고 나서 예수님을 따르겠다던 한 제자였다예수님은 그에게 "죽은 자들이 그들의 죽은 자들을 장사하게 하고 너는 나를 따르라" 마 8:22고 말씀하셨다.

예수님이 이런 '어려운 교훈'을 가르치시자 "그때부터 그의 제자 중에서 많은 사람이 떠나가고 다시 그와 함께 다니지 아니하"요 6:66였다고 사도 요한은 기록하고 있다. 더욱이 예수님은 그들을 다시 부르지 않으셨고 남아 있는 열두 제자들을 보시며 "너희도 가려느냐"요 6:67고 말씀하셨다. 요컨대 예수님은 사역으로부터 열매 맺는 것만을 좋아하신 것이 아니라, 사람들의 반응에는 아랑곳없이 진리를 전파하고 하나님으로부터 부여받은 사명을 감당하는 데 마음을 두고 계셨던 것이다. 예수님은 사역의 결과보다 사람들을 사랑하셨고, 사람들에게 정직하게 말씀하실 수 있었다.

하지만 나는 어떠했는가? 나는 한 사람 한 사람보다 통계 자료전도한 사람의 수·역자 주를 더 사랑하고 있지 않던가. 내가 전도한 사람이 하나님과 진정한 관계를 맺고 있는지에 주의를 기울이기보다는 어서 집에 가서 그가 그리스도께 귀의한 사실을 알리고자 하지 않았던가.

예수님의 사역에서 인상적인 것은, 통계 수치상으로 주의 사역이 그리 효율적으로 보이지 않는다는 점이다. 만약 예수님이 오늘날의 복음 전도자였다면 그분의 전도 결과는 크리스천 신문에 실리지 못할 것이다. 그렇다면 그 이유가 무엇일까? 복음 전할 기회를 많이 갖지 못하셨거나 많은 사람들과 대화하시지 않았기 때문일까? 아니, 그렇지 않다. 그분은 한 번에 5천 명의 남자들여자와 아이들은 생략한 수에게 말씀하셨고, 떡 다섯 개와 물고기 두 마리로 그들을 기적적으로 먹이셨다. 언젠가는 4천 명의 남자들여자와 아이들은 생략한 수을 떡 일곱 개와 물고기 두어 마리로 먹이시기도 했다.

예수님이 가시는 곳에서는 그분의 설교를 듣고 기적을 보기 위해 많은 사람들이 모여들었다. 뿐만 아니라 사람들이 병든 자들과 죽어 가는 자들을 데려오면 그분이 그들을 고쳐 주셨다.마 8:16. 갈릴리에서 예루살렘에 이르기까지 모든 사람들이 예수님에 대해 알고 있었고, 그분에 대해 토론하고 논쟁했다. 누군가는 그분을 사랑했고 또 다른 누군가는 싫어했다.

예수님이 죽으시기 며칠 전 나귀를 타고 예루살렘에 입성하실 때에도 많은 사람들은 그분을 환영했다. 어떤 이는 자신의 겉옷을 길에 폈고, 어떤 이는 자기 밭에서 벤 나뭇가지를 길에 폈다. 그들은 "호산나! …가장 높은 곳에서 호산나!" 막 11:9-10 하고 외쳤다.

이처럼 무수한 사람들이 그렇게 예수님을 환호하고 그분께 치료 받았다. 또 그분의 가르침을 듣고 그분이 행하시는 기적들을 목격했다. 그런데도 그분의 제자가 된 사람은 소수였다. 제자들의 수가 얼마였는지 정확히 알 수는 없으나 예수님의 죽음 직후와 승천 직전에 예루살렘에 모인 제자의 수는 겨우 120명 정도였다. 이들이 바로 오순절 날 성령 강림을 기다렸던 사람들이다. 3년간 사역하여 총 120여 명의 제자를 만들었으니, 일주일에 평균 한 명의 제자를 만드신 셈이다. 이 정도 숫자로는 크리스천 신문에 기사화될 수 없다.

어째서 이렇게 적은 수의 사람들만 예수님을 따랐을까? 빌라도가 예수님을 십자가에 매달까를 사람들에게 물었을 때를 돌이켜 보자. 압도적인 다수가 예수님을 십자가에 못 박아야 한다고 주장하지 않았던가. 나약하여 스스로 결정할 수가 없었던 빌라도는 군중들에게 예수님과 악명 높은 강도이자 살인자인 바라바 중 누구를 석방시킬지를 물었다. 모르긴 해도 빌라도는 이 질문에 대한 사람들의 반응에 깜짝 놀랐을 것이다.

당시 바라바는 많은 사람들에게 두려움의 대상이었다. 그가 나타나면 사람들은 문을 걸어 잠갔다. 그가 마을에 나타났다는 소문이 나면 아이들은 거리에 나가 놀 수 없었고 여자들은 혼자서 밖을 나다닐 수 없을 정도였다. 정말이지 사악한 자였다. 그래서 바라바가 로마의 십자가에 못 박히면 정의가 회복될 거라고 많은 이들이 생각했을 것이다. 아마도 빌라도는 군중들이 바라바의 석방을 원치 않으리라 예상했던 것 같다. 그렇다면 자연히 예수님이 석방될 상황이었다. 그 누구도 예수님 때문에 문을 걸어 잠글 필요가 없었기 때문이다. 그분 앞에서 아이들을 보호해야 할 까닭도 없었다. 왜냐하면 그분은 아이들을 사랑하셨고, 아이들도 그분을 사랑했기 때문이다.

사람들은 너나없이 예수님을 집으로 초대했다. 자신들의 어려운 처지에 대해 예수님께 말씀드렸으며, 예수님은 그들을 동정하셨다. 또한 자기 가족 중 아픈 자들을 예수님께로 데려오기도 했다. 예수님은 오랫동안 사람들로부터 버림받은 자들을 어루만져 주셨고, 사회에서 소외된 자들을 찾아가 만나셨으며, 악명 높은 죄인들의 집에서 같이 식사하셨다. 스스로 의롭다고 여기는 사람들은 그런 예수님을 미워했으나 보통 사람들은 예수님을 사랑했다.

이런 상황에서 빌라도는 바라바와 예수님 중 한 사람을 석방할 선택권을 군중에게 주었던 것이다. 그러나 예상과는 다른 결과에 그는 충격을 받았다. 군중들이 바라바의 석방을 요구한 것이다! "그러면 그리스도라 하는 예수를 내가 어찌해야 하겠느냐?" 빌라도가 물으니, 군중은 "십자가에 못 박아야 합니다!"라고 소리 높여 외쳤다.

군중은 왜 예수님께 이런 식으로 반응했는가? 이에 대해 예수님은 비유로써 설명하신 적이 있다. 마지막으로 예루살렘에 가시기 직전이었다. 군중들의 반응은 간단히 말해 이런 것이다. "우리는 이 사람이 우리의 왕 됨을 원하지 아니하나이다" 눅 19:14. 흠정역KJV은 "우리는 이 사람이 우리를 다스리도록 하지 않을 것이다"라고 좀 더 강하게 표현한다.

사람들에게 갈등을 유발시키는 원인은 예수님을 왕으로 받아들이는 문제이다. 사람들은 예수님께 무언가를 얻고자 왔으나, 예수님이 그들에게 충성을 요구하자 곧 등을 돌렸던 것이다. 그래서 예수님의 공생애가 끝날 무렵 주를 따르는 자들은 소수였으며 주를 대적하는 자의 숫자가 많아졌다.

요컨대 사람들이 마침내 맞닥뜨렸던 가장 근본적인 문제는 자신의 삶에서 그분을 왕으로 받아들이느냐 마느냐 하는 점이었다. 당신 역시 이 문제에 직면할 것이며, 나 역시 그러하다. 더욱이 이것은 한 번으로 끝나는 일이 아니라 계속해서 이루어져야 하는 사건이다.

우리는 왜 하나님을 두려워하는가?

왜 그렇게도 많은 사람들이 그리스도가 삶의 주인이 되시는 것을 두려워하는가? 지금까지 나는 하나님과 좋은 관계를 맺기 원하나 그분께 항복하기를 두려워하는 많은 이들과 대화를 나누었다. 전에 사우스 웨일즈에 있는 한 학교에서 강연을 한 적이 있는데, 강연이 끝난 뒤 열여덟 살 된 한 소녀가 울고 있는 것을 보았다. 그 소녀는 자신을 하나님께 온전히 내어드리고 싶지만 하나님이 자기에게 무엇을 요구하실까봐 두렵다고 말했다. 소녀는 하나님이 자기에게 싫어하는 직업을 요구하시거나 사랑하지 않는 사람과 결혼하게 하실까봐 두려워하고 있었다.

바로 이런 것들이 많은 사람들을 두렵게 만든다. 하나님의 계획이 자신의 소망과 어긋나리라는 두려움이 잠재의식 속에 있는 것이다. 원치 않는 직업이나 바라지 않는 배우자가 주어지면 어쩌나? 무조건적인 순종으로 마지못해 행할 자신이 없는데 말이다. 내가 싫어하는 것도 하나님이 원하시면 내 삶에 허용될 것이고, 내가 좋아하는 것도 하나님이 원치 않으시면 갖지 못하리란 두려움. 이 두려움을 나도 잘 이해한다. 나 역시 그런 두려움을 갖고 있었기 때문이다.

한번은 13-14살가량 되는 학생들을 상대로 다음과 같이 질문한 적이 있다. "만약 여러분이 오늘부터 한평생 오직 하나님이 원하시는 일만 해야 한다면 여러분의 삶이 어떻게 될까요?" 이때 아이들의 반응은 매우 재미있었는데, 대부분 부정적인 대답이었다. 그렇게 하면 삶이 단조롭고 지루하며 따분할 것이라는 게 주된 반응이었다. 한 남학생만 긍정적으로 대답했는데, 그는 "적어도 옳지 않은 일은 하지 않겠네요"라고 말했다. 그러자 곧바로 다른 학생이 "하지만 우린 어떤 재미도 느끼지 못할 걸!"이라고 덧붙였다.

나는 그들에게 물었다. "도대체 어떻게 하나님에 대해 그런 생각을 갖게 되었니?" 대답을 들어 보니 결론은 "그리스도인들을 통해서"였다. 아이들은 그리스도인이 어떤 존재인지 정말 모르고 있었고, 그리스도인에 대한 인상이 대개 텔레비전에 나오는 약하고 여성스러운 남자들의 모습을 통해 형성되었음을 알게 되었다. 물론 그것은 그리스도인의 진정한 모습과는 너무나 다르다.

내가 만나 보았던 소년들뿐 아니라, 많은 이들이 마음속에 하나님에 대한 두려운 인상을 갖고 있다. 주로 믿지 않는 젊은이들이 그러한데, 자신이 그리스도인이라고 주장하는 사람들 중에도 유사한 두려움을 갖고 있는 경우가 많다.

그러나 우리가 하나님의 계획을 두려워하는 까닭은 항상 동일하다. 바로 하나님을 충분히 알지 못하기 때문이다! 하나님에 대해 우리가 갖고 있는 부정적인 두려움은 하나님을 있는 그대로 알지 못했다는 점에서 비롯된다. 그리스도인으로서 우리가 겪는 많은 어려움들은 하나님을 충분히 알지 못하기 때문에 온다.

사도 바울의 말을 들어보자.

"내가 믿는 자를 내가 알고 또한 내가 의탁한 것을 그날까지 그가 능히 지키실 줄을 확신함이라" 딤후 1:12.

바울은 자신이 두 가지 사실에 대해 확신한다고 말한다. 첫째, 그가 믿고 있는 분을 알고 있으며 둘째, 그분께 의탁한 것을 그분이 능히 지키실 것임을 안다는 것이다. 이때, 바울의 두 번째 확신은 첫 번째 확신에 기초한다. 즉, 그분을 알 때 그분을 신뢰하게 되는 것이다.

바울이 "내가 믿고 있는 것을 내가 알고"라고 말하지 않고 "내가 믿는 자를 내가 알고"라고 말했음에 주의하라. 이 두 문장 사이에는 엄청난 차이가 있다.

좀더 쉽게 풀이해 보자. 나는 내 결혼생활을 즐겁게 여긴다. 그것은 내가 결혼에 대한 책을 읽고 그에 대해 강의를 할 수 있을 만큼 박식해서가 아니라, 내 아내를 내가 알고 그녀와 함께 있는 것이 즐겁기 때문이다. 마찬가지로 그리스도인은 하나님에 대한 진리를 알기에 즐거운 것이 아니라, 하나님을 알기에 즐거운 것이다. 요컨대 우리 삶의 깊이는 하나님을 얼마나 알고 있느냐와 직접 연관되어 있다.

사실 그리스도인의 삶의 모든 국면들은 하나님을 아는 지식을 통해 성장한다. 예수님은 영생을 다음과 같이 정의하셨다.

"영생은 곧 유일하신 참 하나님과 그가 보내신 자 예수 그리스도를 아는 것이니이다" 요 17:3.

영생은 어떤 물질이 아니라 인격이며, 그 인격을 앎으로써 누릴 수 있는 것이다. 영생은 하나님을 아는 것이며, 그리스도를 아는 것이다.

다시 바울의 이야기로 돌아가 보자. 바울이 "내가 의탁한 것을 그날까지 그가 능히 지키실 줄을 확신함이라"라고 말할 수 있었던 까닭은, 그가 자신이 믿고 있는 자를 알았기 때문이다. 바울이 예수 그리스도께 의탁해 놓고 염려하지 않았던 까닭은 그분이 그 의탁한 것을 능히 지키실 수 있기 때문이었다.

만약 내게 1,000파운드의 여윳돈이 있다면, 나는 그 돈을 은행에 예금할 수도 있고 직접 보관할 수도 있을 것이다. 이때 그 돈을 은행에 예금한다면 보안에 대한 책임은 은행이 지게 된다. 나는 그 돈에 대해 염려할 필요가 없는데, 그것은 은행이 맡긴 돈을 안전하게 지킬 것임을 확신하기 때문이다.

그러나 만약 그 돈을 집에 있는 침대 밑에 숨기기로 한다면, 내가 직접 그 돈의 안전을 관리해야 한다. 이때 돈의 일부를 잃어버리더라도 은행에는 아무런 책임이 없다. 당연히 내가 은행에 돈을 맡기지 않았기 때문이다. 은행은 내가 맡긴 돈에 대해서만 관리할 책임이 있을 뿐, 내가 맡기지 않은 돈에는 아무런 책임이 없다.

마찬가지로 내가 그리스도께 의탁하고 그분의 손에 맡긴 것은 그분이 관리할 책임을 기꺼이 지실 것이다. 그러나 그분께 맡기지 않은 것은 나 스스로 관리해야만 한다. 간단해 보이나 수월치만은 않은 문제이다.

하나님의 계획은 선하다

물론 하나님의 계획이 우리를 언제나 기쁘게 하는 것은 아니다. 때로 기쁨을 느낄 수 없는 계획을 발견하나, 이때에도 하나님의 계획은 선하고 온전하심을 기억하라. 바울은 "하나님의 선하시고 기뻐하시고 온전하신 뜻"롬 12:2이라고 말하고 있다.

때때로 하나님의 계획은 그의 백성들을 고통 속으로 지나가게 하신다. 주 예수님도 아버지의 뜻을 이루시는 과정에서 엄청난 고난을 통과하셨다. 십자가에 못 박히시기 직전 겟세마네 동산에서 예수님은 제자들에게 "내 마음이 매우 고민하여 죽게 되었으니"마 26:38라고 말씀하셨다. 그러고 나서 "내 아버지여 만일 할 만하시거든 이 잔을 내게서 지나가게 하옵소서 그러나 나의 원대로 마시옵고 아버지의 원대로 하옵소서"마 26:39라고 기도하셨다.

우리의 순종은 사탄과의 전장 최전선으로 우리를 인도한다. 그 어떤 하나님의 자녀도 위험과 눈물, 고통에서 제외되지 않는다. 당장은 고난이 있고 풀리지 않는 의문에 고통 받으며 싸우는 외로움을 겪을 것이다.

그러나 바로 그 너머에는 순종을 통해 하나님이 이루시려는 선이 있음을 기억해야 한다. 시야를 넓히면 그 선이 기쁨을 맛보게 하리라는 사실을 알게 될 것이다. 이사야는 시간의 터널을 통해 바라보면서 주 예수님께서 받으실 고난에 대해 상세히 적었다.

"여호와께서 그에게 상함을 받게 하시기를 원하사 질고를 당하게 하셨은즉 …그가 자기 영혼의 수고한 것을 보고 만족하게 여길 것이라" 사 53:10-11.

이 말씀에 따르면, 주 예수님은 십자가의 고통 너머에 있는 목적을 바라보며 즐거워하셨다.

사실, 하나님은 그분의 계획에 대해 우리에게 말씀하실 의무가 없다. 때로 성경에 나오는 인물들에게 종종 그러셨듯이 어렴풋이 보여 주기도 하시지만, 대개는 아무런 설명도 하지 않으신다. 그래도 그리스도인들은 "믿음으로 행하고 보는 것으로 행하지 아니"할 것이다 고후 5:7.

성경 인물 중 그 인생이 참으로 안 풀리는 것처럼 보였던 사람이 요셉이다. 그에게는 애당초 형제들과 불화할 만한 조건이 주어져 있었다. 먼저, 그는 열두 아들 중 열한 번째로 아버지로부터 가장 사랑 받는 아들이었다. 더욱이 그는 꿈 얘기를 꺼냄으로써 이전보다 배나 되는 미움을 사게 되었다.

어느 날 꿈에 하나님께서 요셉의 장래를 잠시 보여 주셨다. 그가 형들과 함께 들에서 곡식을 묶고 있는데, 갑자기 요셉의 단이 일어서고 형들의 단이 그 앞에서 절하는 꿈을 꾸었던 것이다. 뿐만 아니라 그는 이 꿈의 내용을 더욱 확증하는 또 다른 꿈도 꾸었다. 이번에는 해와 달과 열한 별이 그의 앞에서 절했던 것이다. 요셉이 이 꿈을 형들에게 말하자 그들의 심기가 매우 불편해졌다. 그 꿈은 장차 가족들 모두가 그에게 절하게 될 것을 암시했기 때문이다. 말할 것도 없이 그 꿈으로 인해 형들은 요셉을 더욱더 미워하게 되었고 급기야 그를 죽이기로 마음먹게 된다.

어느 날, 형들은 요셉을 양떼들이 있는 곳으로 유인하여 그를 지나가는 미디안 노예 상인들에게 팔아 넘겼다. 애굽에 간 미디안 상인들은 그를 다시 노예 시장에 내놓았다. 요셉이 이러한 역경을 겪는 동안, 형들은 아버지 야곱이 지어 입혔던 요셉의 채색 옷에다 숫염소의 피를 적셔 집으로 가져가서는 요셉이 들짐승에게 잡아먹혔다고 말했다. 야곱의 가슴은 무너져 내렸고, 그가 애통해 할 동안 요셉의 형들도 우는 척했다. 요셉의 몸값으로 받은 은 20개가 그들의 주머니에서 짤랑거리고 있는데도 말이다.

한편 애굽에서 요셉은 바로의 시위대장인 보디발에게 팔렸다. 당시 17세였던 요셉에게는 이미 "하나님의 영에 감동된 사람" 창 41:38이라는 증거가 나타났다. 요셉이 하는 일마다 하나님께서 번성케 하신 것이다. 이에 감동 받은 보디발은 요셉을 가정 총무로 삼았다.

보디발의 아내도 요셉에게 감동을 받았으나 남편과는 다른 이유에서였다. 그녀는 요셉을 유혹하려 했던 것이다. 하루는 집에 요셉이 홀로 있을 때, 그녀가 요셉의 옷을 잡고 자기와 동침하기를 요구했다. 그러나 요셉은 그녀의 손에 자기 옷을 버려두고 도망쳤다. 보디발이 귀가하자 그녀는 요셉이 자기를 겁탈하려 했다고 남편에게 거짓말을 했고, 화가 난 보디발은 요셉을 감옥에 집어넣었다. 결국 요셉은 죄도 없이 감옥에서 수년을 보내야 했다.

요셉의 나이 30세가 되었을 때 그는 바로 왕의 꿈을 해석하기 위해 왕 앞으로 불려 갔다. 때는 그의 형들에 의해 팔린 지 13년이 지난 다음이었다. 당시 왕의 꿈을 해석한 사람이 아무도 없었는데, 요셉이 바로 왕에게 "내가 아니라 하나님께서 바로에게 편안한 대답을 하시리이다"창 41:16라고 답했던 것이다. 이윽고 하나님이 요셉에게 꿈을 해석해 주셨고, 요셉은 바로에게 이를 전했다. 7년 동안의 풍년이 있은 후 7년 동안의 기근이 있을 것인데 풍년이 있을 동안에 닥쳐올 기근을 대비해야 한다는 예언이었다. 과연 무릎을 치게 만드는 해몽이었다. 그 결과 요셉은 애굽의 총리가 되었으며, 이후 7년간 요셉은 다가올 기근을 대비했다.

마침내 때가 되어 기근이 온 세상에 퍼지자, 멀리 가나안에 살고 있던 야곱이 애굽에 양식이 있다는 소식을 듣고서 아들들을 보냈다. 그리고 그들이 애굽에 도착하자마자 요셉 앞으로 불려 갔다. 요셉은 이제 39세로, 형들에 의해 팔린 지 22년이 지난 때였다.

형들이 자신을 알아보지 못하자 요셉은 직접 신분을 밝혔다. 그러면서 형들에게 두려워 말기를 당부했다. "당신들이 나를 이곳에 팔았다고 해서 근심하지 마소서 한탄하지 마소서 하나님이 생명을 구원하시려고 나를 당신들보다 먼저 보내셨나이다 …나를 이리로 보낸 이는 당신들이 아니요 하나님이시라"창 45:5-8.

그럼에도 요셉의 형들은 과거의 일로 인해 아우가 복수하지 않을까 마음을 놓지 못했다. 그러자 요셉은 "당신들은 나를 해하려 하였으나 하나님은 그것을 선으로 바꾸사"창 50:20라고 말해 주었다. 요셉은 자신의 삶을 덮친 재앙 너머 하나님의 손을 바라보았으며, 더 나아가 하나님의 선하심을 목격하는 기쁨을 누렸던 것이다.

만약 누군가 감방에 갇혀 있는 요셉에게 와서 "하나님을 사랑하는 …자들에게는 모든 것이 합력하여 선을 이루느니라"롬 8:28는 말씀이 얼마나 멋진가 하고 말했다면, 요셉은 그를 이상한 눈으로 쳐다보았을 것이다. 그가 겪은 일들 중 제대로 되는 일이 하나도 없었기 때문이다. 인생의 황금기를 이렇게 고통스럽게 보내야 하다니. 다른 사람의 노예였다가 이젠 억울하게 누명을 쓴 죄수가 되었다니 이 얼마나 기가 막힐 노릇인가.

더욱이 아버지는 요셉이 죽었다는 거짓 소식을 듣고서 충격과 슬픔에서 벗어나지 못하고 있었다. 어쩌면 요셉은 부르짖어 반문했을지 모른다. "그런데도 당신은 내가 당하고 있는 슬픔이 유익하다고 말할 수 있습니까?" 당시로서는 이후의 일들을 알지 못했으니 말이다. 하지만 후에 자신의 인생 전체를 돌아보는 시점에 이르러 그는 "하나님이 고통을 선으로 바꾸셨다"고 말할 수 있었다.

구약의 욥도 그랬다. 하나님이 자신의 삶에서 어떤 일을 계획하고 계신지 알지 못했지만, 그럼에도 욥은 한 가지 확신을 버리지 않았다. 그는 이렇게 고백한다.

"내가 가는 길을 그가 아시나니 그가 나를 단련하신 후에는 내가 순금 같이 되어 나오리라" 욥 23:10.

더욱이 여러 가지 고난을 당하기 시작할 즈음, 욥은 "하나님께 복을 받았은즉 화도 받지 아니하겠느냐" 욥 2:10고 말하기도 했다. 하나님께서 행하시는 궁극적인 일의 선함을 그는 알았던 것이다. 그리고 그 일의 궁극적인 결과 역시 선할 것임을 그는 믿었다.

여기서 "선하다"고 표현된 것은 내게 좋은 일만을 가리키진 않는다. 하나님의 일을 판단할 때에는 자기의 행복이라는 관점에서가 아니라 보다 넓은 관점으로 바라보아야 한다. 하나님께서 내게 행하시는 일은 다른 누군가를 위한 것일 수도 있으며, 최우선적으로는 하나님 자신을 위한 것이다.

더불어 하나님께 항복한다고 해서 모든 일이 술술 풀리지는 않음을 기억하라. 그리스도인도 고난에서 제외되지 않는다. 오히려 그리스도인은 고난에 잘 준비된 자라 할 수 있다. 단, 하나님의 허락 없이는 그 어떤 일도 자신에게 일어나지 않는다는 사실도 잊지 말아야 한다. 또한 자신이 일하는 목적이 편안하고 안락하게 살기 위함이 아니라 하나님의 궁극적인 목적을 이루기 위함임을 염두에 두라. 갖은 어려움과 눈물이 있겠지만 그것으로 끝이 아니다. 하나님은 궁극적으로 선하고 온전하며 기쁨을 주는 일을 우리에게 행하신다.

하나님의 뜻을 아는 것

"하나님의 뜻을 어떻게 알 수 있나요?" 특히 젊은 그리스도인들로부터 이런 질문을 자주 받는다. 우리가 하나님의 뜻에 항복할 의사가 있는 경우에도 하나님은 그분의 뜻을 명확히 가르쳐 주시는 것 같지 않다. 그런데 이렇게 한번 생각해 보자. 만약 하나님이 가장 바라시는 것이 당신이 그분의 뜻을 이루는 것이고, 당신이 가장 바라는 것도 하나님의 뜻을 이루는 것이라고 말이다. 그러면 도대체 어떤 문제가 있을 수 있겠는가?

우리를 향한 하나님의 구체적인 뜻을 알고 싶다면, 먼저 우리를 향한 그분의 일반적인 뜻을 살펴야 한다. 그 안에서만 우리는 그분의 메시지를 발견할 수 있기 때문이다. 신약에서는 우리를 향한 하나님의 뜻 네 가지를 말하고 있는데, 그리스도인 각자를 향한 하나님의 뜻을 알고자 한다면 먼저 이 네 가지 구체적인 명령에 순종해야 한다.

1. 거룩해야 한다

"하나님의 뜻은 이것이니 너희의 거룩함이라 곧 음란을 버리고 각각 거룩함과 존귀함으로 자기의 아내 대할 줄을 알고" 살전 4:3-4.

하나님의 뜻을 이루고 있는지 그렇지 않은지를 판단하는 기준에는 '성적으로 깨끗한 몸'이 포함된다. 만일 과거에 성을 오용하거나 성적인 죄를 범한 적이 있다면 반드시 용서받고 깨끗함을 입어야 한다. 성경에 나오는 많은 죄들이 육체의 정욕을 제어하지 못한 결과라는 사실을 경계하라. 뿐만 아니라 식욕이 성욕만큼이나 큰 죄의 원인임을 기억해야 한다. 에덴동산에서 이브가 범죄한 후, 많은 사람들이 먹는 문제로 고통을 겪게 되었으며, 광야에서 사탄이 예수님께 던진 첫 번째 시험 역시 식욕과 관계된 것이었다. 거룩한 몸은 하나님의 뜻을 이루는 데 필수적이다.

이와 관련하여 바울은 "너희 몸을 …거룩한 산 제물로 드리라 …하나님의 …뜻이 무엇인지 분별하도록 하라"롬 12:1-2고 로마 성도들에게 부탁했다. 거룩한 몸과 하나님의 뜻을 이루는 일 사이의 상관관계는 너무도 분명하다. 요셉의 삶도 이러한 점을 증명한다.

2. 감사해야 한다

"범사에 감사하라 이것이 그리스도 예수 안에서 너희를 향하신 하나님의 뜻이니라" 살전 5:18.

이 구절은 우리가 "모든 상황에 대해" 감사해야 한다고 말하는 것이 아니라 "모든 상황 속에서" 감사해야 한다고 말하고 있다. 즉, 우리는 고통스러운 상황을 넘어 하나님의 다스리심과 하나님의 능력을 바라보아야 하는 것이다. 하나님은 언제나 문제를 압도하는 존재임을 기억하라. 우리가 이 사실을 잊지 않고 하나님과 그분이 행하시는 모든 일에 끊임없이 감사하기를 주는 바라신다.

3. 선해야 한다

"인간의 모든 제도를 주를 위하여 순종하되 …곧 선행으로 어리석은 사람들의 무식한 말을 막으시는 것이라" 벧전 2:13-15.

부정과 어리석음에 직면해서도 선을 행함으로써 우리는 하나님의 뜻을 이룰 수 있다. 요셉은 그의 삶을 통해 이 역시 증명해 보였다. 보디발의 집에서 요셉이 얼마나 열심히 일했던가. "그의 주인이 여호와께서 그와 함께하심을 보며 또 여호와께서 그의 범사에 형통하게 하심을 보았더라 …그가 요셉을 가정 총무로 삼고 자기의 소유를 다 그의 손에 위탁하니" 창 39:3-4.

뿐만 아니라 후에 부당한 이유로 감옥에 갇혔을 때조차 요셉은 선함과 거룩함을 나타내 보였으며, 이에 탄복한 간수장은 "옥중 죄수를 다 요셉의 손에 맡겼다" 창 39:22.

4. 고난 받아야 한다

"하나님의 뜻대로 고난을 받는 자들은 또한 선을 행하는 가운데에 그 영혼을 미쁘신 창조주께 의탁할지어다" 벧전 4:19.

모든 고통을 제거하는 것이 하나님의 뜻은 아니다. 오히려 고난 당함이 하나님의 뜻일 때도 있다. 이때 하나님은 우리가 고난을 꺼리고 피하는 것이 아니라 자신을 조물주께 의탁하기를 바라신다.

이 네 가지가 곧 신약 성경이 하나님의 뜻에 관해 구체적으로 말하고 있는 내용이다. 이것은 인간 모두에게 해당되는 말씀으로, 어느 누구도 예외는 아니다. 우리는 거룩해야 하며, 감사해야 하고, 선해야 하며, 기꺼이 고난을 감수해야 한다. 바로 이 네 가지 틀 안에서 살아갈 때에만 우리는 자신의 삶을 향한 하나님의 특별한 뜻을 발견할 수 있을 것이다. 또한 이 틀 안에 있을 때, 하나님의 뜻을 발견해야 하는 의무에서 자유로워질 수 있다.

그런데 혹시 알고 있는가? 성경 어디서도 개인적인 삶을 향한 하나님의 뜻을 물어야 한다고 기록하지 않았다는 것 말이다. 어떤가, 의외인가? 성경에 엄격히 입각해 말하자면, 우리의 할 일은 하나님이 자신의 약속을 지키실 수 있도록 조건들을 충족시켜 드리는 것뿐이다.

솔로몬은 다음과 같이 기록한다.

"너는 범사에 그를 인정하라 그리하면 네 길을 지도하시리라" 잠 3:6.

성경은 우리에게 하나님의 인도를 구하라고 말씀하지 않았다. 오직 그분을 인정하라고 말씀할 뿐이다. 그리할 때 하나님께서 우리의 길을 지도하실 것이다. 우리를 지도하시는 것은 하나님의 책임으로, 그것은 우리를 천국으로 인도하는 일만큼이나 주께 있어 중요하다.

하나님은 요셉에게 꿈을 통해 계시를 주셨다. 형들의 단이 자신의 단에 절하는 꿈을 꾼 요셉은 감옥살이를 하면서도 자주 그 꿈을 생각하며 스스로를 다독일 수 있었다. 자신이 한평생 죄수로 살지는 않을 것이며 앞으로 뭔가 엄청난 일이 일어나리라는 것을, 요셉은 틀림없이 알고 있었을 것이다. 혹시 요셉처럼 당신에게도 하나님이 계획을 미리 보이셨는가? 그렇다면 현 상황이 힘들고 그 목적을 이루는 것이 불가능해 보여도 믿음을 잃지 말라고 하시는 메시지로 삼으라.

하나님은 요셉을 애굽의 궁으로 이끌기 원하셨다. 단, 정문이 아니라 뒷문, 다시 말해 지하 감옥을 통해서 가게끔 하셨다. 요셉이 애굽의 궁에 들어가기까지는 무려 13년 동안의 구금 생활이 필요했다. 이와는 대조적으로, 하나님은 욥에게 고통 너머를 볼 수 있는 꿈은 주시지 않았다. 이처럼 하나님은 우리에게 자신의 뜻을 미리 말씀해 주실 수도 있고 그렇지 않으실 수도 있다. 그러나 고통의 날에 욥이 그랬던 것처럼, 우리에게 비극이 찾아올지라도 하나님이 우리의 상황을 모르시지 않음을 기억해야 한다.

우리의 계획이 타의에 의해 변경되고 때로는 요셉처럼 감옥살이를 할 수도 있으나, 그 일에도 하나님이 어떤 목적을 갖고 계심을 잊지 말아야 한다. 심지어 당신은 주 예수님처럼 십자가에 달려 죽을 수도 있

다예수님은 십자가에 달리신 그날 새벽에 "나의 뜻대로 마옵시고 아버지의 뜻대로 하옵소서"라고 기도하셨다. 그러나 그렇다 하더라도, 당신은 정해진 시간에 죽는 것이며 머잖아 이 모든 것을 이해하게 될 것이다.

이런 적극적이고도 모험적인 태도가 모든 그리스도인들에게 요구된다. 담대함을 가지고 주께서 주신 삶을 기꺼이 살고자 할 때, 즉 그리스도께서 우리를 전적으로 사용하시도록 우리 삶을 그분께 내어 드릴 때 비로소 우리에게는 그리스도인이라 불릴 자격이 생기는 것이다.

Chapter 5.
마음의 변화

    어느 날 저녁, 설교를 마친 내게 누군가 이런 말을 했다. "당신의 설교는 마치 신종 자동차를 주면서 그 차의 성능에 대해 잔뜩 설명한 다음 정작 자동차 열쇠는 주지 않는 것과 같네요." 이 말을 듣고 나는 다시는 이렇게 설교하지 않겠다고 마음먹었다. 또한 이 책에서도 보다 실제적인 사항들을 전하기 위해 노력하고 있다.

    앞서 우리는 예수님이 그리스도인의 삶의 핵심이심을 보았다. 완전한 인간으로서 그분은 참된 인간의 예시를 보여 주셨다. 이에 대해 베드로는 오순절에 교회가 탄생된 이후 처음 행해진 설교에서 다음과 같이 강조한다. "이스라엘 사람들아 이 말을 들으라 너희도 아는 바와 같이 하나님께서 나사렛 예수로 큰 권능과 기사와 표적을 너희 가운데서 베푸사 너희 앞에서 그를 증언하셨느니라" 행 2:22.

하나님께서 예수님을 통해 일하신 것은 한 사람을 통해 일하신 것이다. 그리고 이 사실은 2장에서 살펴보았듯이 예수님이 말씀하시고 행하신 모든 것, 그리고 그분이 어떤 분이신지를 모두 설명해 준다. 이와 마찬가지로 우리 그리스도인들에게 요구되는 삶을 가능하게 하는 것은 바로 우리 안에서 역사하시는 하나님이시다.

그런데 이 모든 것들이 어떻게 실제로 이루어지는가? 어떻게 하나님이 우리의 삶 가운데 역사하시는가? 이 질문이 오순절 베드로의 설교를 들었던 군중의 마음속에서 일어났을 뿐 아니라, 오늘날 많은 성도들에게도 일어난다. 예수 그리스도의 삶과 죽음, 부활과 승천 그리고 주되심에 대한 베드로의 설교 후, 사도행전의 저자는 다음과 같이 언급한다.

> "그들이 이 말을 듣고 마음에 찔려 베드로와 다른 사도들에게 물어 이르되 형제들아 우리가 어찌할꼬 하거늘" 행 2:37.

사람들의 이런 반응이 나로서는 매우 흥미롭다. 왜냐하면 베드로는 그들이 무엇을 할 수 있으리라고 말하지 않았기 때문이다. 베드로는 그들이 이러한 역사에 관여할 수 있다고도 말하지 않았다. 설교단에 서서 단지 예수 그리스도에 관한 사실을 선포했을 뿐이다. 그런데도 설교를 들으며 예수 그리스도에 대해 알아가는 순간, 군중은 스스로 어떤 행동을 취해야 한다는 마음을 품게 되었다.

우리는 앞에서 죄란 "표적을 벗어나는 것"이라고 정의했다. 요컨대 죄란 상대적인 뜻을 가진 말로서, 빗나간 표적이 무엇이냐에 따라 그 의미가 결정되는 것이다. 이때, 그 표적은 "하나님의 영광"이다롬 3:23. 그리고 그것이 곧 하나님의 형상대로 창조된 인간이 나타내야 할 하나님의 성품이다.

그런데 그 영광은 예수 그리스도의 인격과 삶에서 이미 가시화되었다. 예수 그리스도는 "하나님의 영광의 광채시요 그 본체의 형상"히 1:3이신 것이다. 그러므로 베드로의 설교 후 그랬던 것처럼 사람들은 이 완전한 존재를 찬찬히 관찰함으로써 이를 기준 삼아 자신을 비교하고 부족함을 깨닫게 되는 것이다. 사람들이 자신들의 부족함을 인식할 수 있는 것은 오직 예수 그리스도를 알게 될 때라는 것, 이것은 그리스도인에게 있어 매우 중요한 사실이다. 오직 예수 그리스도의 삶 속에 있는 하나님의 영광을 목격할 때에만 우리는 진정한 의미에서 자신의 부족함을 발견하는 것이다. 베드로는 그리스도가 "자기의 영광과 덕으로써"벧후 1:3 그를 불렀다고 간증한다. 다른 말로 하면, 베드로를 그리스도께로 이끌었던 것은 그분의 완전한 덕과 영광, 그리고 그분의 삶 속에 나타난 거룩함이었다.

이것이 오늘날 우리가 그리스도에 대해 그리고 그분의 삶과 성품, 그분이 하신 일들에 대해 설교해야 하는 이유이다. 오직 그분을 바라볼 때만 사람들은 진정한 빛 안에서 자신을 보게 되며, 자신의 죄와 부족함이 갖고 있는 참된 속성을 이해할 수 있게 되기 때문이다.

단순히 죄에 대한 설교만을 들어서는 한계가 있다. 그리스도에 대한 설교가 있어야, 우리는 그분과의 대조 속에서 스스로의 죄를 인식하게 되는 것이다.

한때 TV 광고 중에 한 남자가 '일반 세제'로 세탁한 흰 와이셔츠를 입고 나오는 광고가 있었다. 그는 편안한 자세로 미소 지으며 막 세탁한 옷을 자신 있게 선보였다. 그러자 다른 한 사람이 광고 중인 세제로 세탁한 셔츠를 입고 나타났다. 그의 셔츠는 하얗고 깨끗해 보였다. 광고 중인 세제로 세탁한 셔츠를 입은 이 남자는 일반 세제로 세탁한 셔츠를 입은 남자 옆에 섰고, 일반 세제로 세탁한 셔츠를 입은 남자는 고개를 떨구었다. 광고 중인 세제가 정말 특별하다는 생각을 갖게 하는 대목이었다. 그러나 자세히 보니, 일반 세제로 세탁한 셔츠를 입은 남자의 셔츠는 사실 연한 회색빛이었다. 처음엔 몰랐지만 새하얀 셔츠와 나란히 서자 회색이란 게 눈에 띈 것이다.

만약 당신이 처음 TV에 나온 남자에게 찾아가 "입고 계신 셔츠가 더럽군요"라고 말한다면, 그는 그 말을 강하게 부정하면서 이 셔츠는 오늘 아침에 세탁한 것이라고 말할 것이다. 그러나 특별한 세제로 세탁한 셔츠를 입은 남자가 곁에 와 선다면, 그는 당황하면서 "내 셔츠가 더럽긴 더럽군"이라고 시인하게 될 것이다.

내가 아는 사람 중에, 이처럼 "당신의 셔츠가 더럽군요"라고 말하면서 전도하는 이가 있다. 그는 복음을 전할 때엔 항상 먼저 사람들의 죄를 지적해야 한다고 말한다. 그는 모든 문제의 원인이 죄이므로 이것을 신속히 처리하기 전까지는 다른 무엇을 전해도 별 소용이 없다고 믿고 있었다. 그래서 그는 사람들과 대화를 시작하면 대뜸 이렇게 질문한다. "당신이 더럽고, 추하며, 냄새나고, 비참하며, 부패한 죄인임을 아십니까?" 종종 그의 시도는 '의를 위해 핍박받는 것'으로 끝났다. 적어도 그는 그렇게 생각했다. 하지만 내가 보기에 그는 은근히 이 수난을 즐기는 듯했고 그런 수난을 마귀가 도망치는 증거로 삼는 것 같았다.

하지만 꼭 그렇게 공격적으로 전도해야 할까? 오히려 당신이 그리스도에 대해 설교하면서 사람들에게 그분과 그분의 삶과 그분이 하신 일을 알리고, 어떻게 그런 삶을 살 수 있으셨는지 그리고 왜 그런 삶을 사셨는지를 말한다면 주의 빛이 자연히 자신의 어둠을 발견하게끔 하지 않겠는가? 주에 대해 말하기만 해도 그는 "저 자신은 더럽고, 추하며, 냄새나고, 비참하며, 부패한 죄인입니다"라고 고백할 것이다. 우리가 그리스도를 사람들에게 소개하며 그분의 삶에 나타난 찬란함과 아름다움을 보게 한다면, 그 자신이 회색임이 자연스레 드러나는 것이다.

이와 관련해 한 가지 일화를 전하고자 한다. 얼마 전에 나는 한 학교를 방문했는데, 거기서 17-18살 학생들을 상대로 약 1시간 20분 정도 강연을 했다. 나는 "그리스도는 누구신가?"라는 질문으로 강연을 시작했다. 그러고 나서 그분이 누구신가를 다양한 방식으로 설명했다.

나는 그분의 삶에 대해 곧 그분이 어떻게 사람들을 대하시고 병자들을 치료하시고 가난한 자들을 돌보셨는가에 대해, 그분이 체포되시고 재판 받으시고 마침내 십자가에 달리신 이유에 대해, 그리고 죽은 자 가운데서 살아나신 사실에 대해 이야기했다. 그런 후에는 부활의 증거와 그리스도께서 부활하셔서 지금 살아 계신다는 사실의 의미에 관해 토론했다.

토론을 마치고 점심식사를 한 후 집회 장소로 돌아오자, 여학생 두 명이 앉아 있는 것이 보였는데 그중 한 명이 울고 있었다. 그런데 내가 들어오자마자 울지 않던 여학생이 대뜸 이렇게 말하는 게 아닌가. "선생님이 무슨 일을 했는지 보세요. 선생님은 내 친구를 힘들게 했어요." 나는 곧 그들에게 다가가 왜 마음이 상했는지 물었다. 그랬더니 "왜 선생님은 우리 모두로 하여금 스스로 더럽다고 느끼게 만드나요? 왜 선생님은 모든 사람들이 나쁘다는 것만 계속 말씀하시나요?"라고 말하는 게 아닌가.

그날 나는 사람들이 나쁘다고 말한 적이 없었고 더러움에 대해서는 언급하지도 않았다. 게다가 집회에 있는 누구를 지적해 말한 적은 더더욱 없었다. 나는 예수 그리스도께서 얼마나 선하시며 친절하신가에 대해 말했을 뿐이다. 당황스러움도 잠시, 이윽고 나는 무슨 일이 일어났는지 알아차렸다. 내가 말하는 동안 성령께서 그 여학생에게 그리스도가 어떤 분이신가를 계시하신 것이다. 그리고 그리스도가 어떤 분인지 분명히 알게 되자 그녀는 점점 자신에 대해 불만을 갖게 되었다. 이처럼 그리스도의 빛과는 대조적인 자기 안의 죄를 발견하게끔 하는 일, 이것이 곧 성령의 사역이다. 성령은 우리를 예수 그리스도께 집중하도록 하심으로써 그분의 고결함에 비추어 우리 자신의 죄를 깨닫게 하시는 것이다.

내가 만약 그 학교에서 학생들의 죄를 정죄했다면, 그들은 저항하고 자신을 방어하며 엄청나게 화를 냈을 것이다. 이런 비유가 적당할지 모르겠지만, 누군가 이런 말을 한 적이 있다. "당신이 개에게서 뼈다귀를 뺏으려 하면 개가 당신을 물겠지만, 땅바닥에 먹음직스런 스테이크를 놔두면 개가 그 뼈다귀를 버리고 스테이크를 집을 것이다."

성령의 일 역시 이와 마찬가지다. 그리고 우리의 죄를 훤히 드러내시는 목적은 그 죄를 처리하시고 몰아내시며 깨끗하게 하시기 위함이다. "죄에 대하여…세상을 책망"요 16:8하시는 것이 곧 성령님의 사역인 것이다. 성령께서 우리의 죄를 드러내시는 것은 우리를 정죄하거나 수치감을 느끼게 하거나 비굴하게 만들기 위함이 아니라, 어디까지나 우리를 성결케 하고 새로운 삶을 살도록 하기 위함이다.

베드로가 오순절 날 군중으로부터 "형제들아 우리가 어찌할꼬?"라는 질문을 받았을 때, 그는 다음과 같이 분명하게 대답했다.

> "너희가 회개하여 각각 예수 그리스도의 이름으로 세례를 받고 죄 사함을 받으라 그리하면 성령의 선물을 받으리니" 행 2:38.

돌이킴

베드로의 권면의 말은 "회개하라"로 시작된다. 이것은 그리 놀라운 말이 아니다. 신약에 나오는 첫 번째 설교에서 맨 처음 선포된 말씀 역시 세례 요한이 광야에서 외친 "회개하라 천국이 가까이 왔느니라"마 3:2였다. 또한 예수님이 사람들 앞에서 처음 하신 말씀도 "회개하라 천국이 가까이 왔느니라"마 4:17이다.

한편 후에 바울은 아덴에서 설교하면서 "알지 못하던 시대에는 하나님이 간과하셨거니와 이제는 어디든지 사람에게 다 명하사 회개하라 하셨으니"행 17:30라고 선포했다. 당시 각처에 있는 모든 사람들에게 "명해졌다"고 기록된 회개는 하나님에 대한 우리의 반응에서 핵심적인 위치를 차지한다. 회개의 필요성이나 회개해야 한다는 명령을 피해 갈 도리가 없는 것이다. 만약 피한다면 하나님의 역사를 방해하며 축복을 잃어버리고 말 것이다. 이와 관련해 나는 한 번도 활기찬 그리스도인의 삶을 누려 보지 못했거나 능력 있는 삶을 경험해 보지 못한 사람들과 상담할 때는 회개에 대해 이야기하는 것이 도움이 된다는 사실을 깨달았다.

어느 저녁 스코틀랜드에서 있었던 집회 때의 일이다. 집회가 끝난 뒤에 20대 초반의 한 여자가 나를 찾아왔다. 그녀는 그리스도인이 된 지 2년이 되었지만 별로 달라진 게 없다고 고백했다. 교회에 출석해도 다른 사람들처럼 열심을 낼 수가 없다는 것이다. 성경을 읽었지만 얼은 것이 거의 없으며, 자기 기도는 하나님께 올라가다 천장에 부딪혀 땅에 떨어지는 것만 같다고 했다. 그녀는 자신이 "택함" 받지 못한 것이 아닐까 하는 의심에 휩싸여 있었고, 내가 자신의 문제를 해결해 줄 수 있을지 궁금해 했다.

이에 나는 하나님과의 관계에서 문제가 생긴 것 같을 때, 그 원인은 결코 하나님 편에 있는 것이 아니라 항상 우리 편에 있음을 말해 주었다. 그러면서 그녀 자신에 대해 좀더 이야기해 달라고 말했다. 들어 보니, 그녀는 크리스천 가정에서 자랐지만 18살이 되었을 때 집을 떠나기로 마음먹었다. 그때까지는 그리스도인이 아니었으며, 그리스도인이 되어야겠다는 생각도 없었다. 더욱이 그녀는 자신의 성장 환경과 다니던 교회에 매우 불만이 많았다.

집을 나오자마자 그녀는 어떤 공동체에 들어갔으며, 거기서 2년의 세월을 보냈다. 처음에는 매우 즐거웠으며 자기 인생에서 처음으로 자유를 느꼈다. 아무도 간섭하지 않았고, 원하는 대로 살 수 있었기 때문이다. 그러나 얼마 지나자 그런 즐거움도 차차 시들기 시작했다. 자신이 훨씬 더 싫어하는 다른 것들에 매여 있음을 알게 된 것이다. 결국 2년 후 그녀는 병원에 입원했다. 단, 병원에 입원한 이유는 나에게 말하지 않았다.

입원해 있는 동안 그녀는 자신의 삶에 대해 진지하게 생각하기 시작했다. 그러자 가족들이 그리워졌다. 과거에 그토록 싫어하던 가족들과 교인들 중에는 무언가 묵직함이 있는 사람들이 있었지만, 지금 자신과 함께 지내는 사람들은 자기처럼 내면이 천박한 자들뿐이었다. "병원 침대에 누워 있으면서, 그리스도인으로 사는 것이 결국 옳다는 생각을 하게 되었어요. 그래서 그리스도인이 될 것과 퇴원해 부모님께로 돌아가 새 인생을 시작하기로 마음먹었지요." 마침내 그녀는 자신의 결심대로 시행했고, 그리스도께 구세주가 되어 달라고 기도했다.

그러나 집에 돌아온 후에도 그리스도인의 새 삶엔 전혀 활력이 없었다. 그녀는 특히 고린도후서 5장 17절에 나오는, "누구든지 그리스도 안에 있으면 새로운 피조물이라 이전 것은 지나갔으니 보라 새 것이 되었도다"라는 사도 바울의 말씀을 믿을 수가 없었다. 그녀 생각에 이전 것들 가운데 지나간 것이 별로 없을 뿐더러 새로운 것도 그다지 없었기 때문이다. "새로운 피조물"이 되었다는 자기 자신 역시 달라진 게 없었다.

이 말을 듣는 순간, 나는 그녀가 참으로 거듭나지 못했으며 그 이유는 회개에 이르지 못했기 때문이라고 말해 주었다. 그러면서 그녀가 집으로 돌아온 동기가 처음 집을 나간 동기와 동일한 것이었음을 지적했다. 그녀는 자아실현, 자유, 행복을 원했는데 이 모두가 자기중심적이었던 것이다. 이런 말을 전하자 그녀는 곧 항변했다. "그렇지만 저는 그리스도께 제 삶에 들어와 달라고 진심으로 기도했는데요."

나는 그녀가 진심으로 그렇게 했음을 믿는다고 말했다. 그러나 선한 동기에서 그렇게 한 것이 아니라고도 말해 주었다. 그녀는 자신의 종으로서의 그리스도를 원했던 것이다. 나는 그리스도께 요청한다고 해서 그리스도께서 우리 삶에 들어오시는 게 아니라고 말했다. 그리고는 지금까지 그리스도와 우리 사이에 놓여 있던 장벽을 처리해야 한다고 했다.

나는 성경을 보여 주며 그 장벽이 우리의 죄와 자만, 그리고 독립심으로 쌓여졌음을 지적했다. 하지만 그녀는 좀처럼 받아들이려 하지 않았다. "글쎄요. 저는 그것이 저의 문제라고 생각하지 않아요. 저는 정말 간절히 원하고 있는 걸요."

"물론 당신은 간절히 원하고 있겠지요." 나는 그녀의 말을 인정해 주었다. 그리고는 이렇게 덧붙였다. "그러나 무엇을 간절히 원하고 있습니까? 하나님입니까, 아니면 자아실현입니까? 당신은 하나님의 요구에 맞추려는 마음을 전혀 비치지 않았습니다. 하나님이 당신을 만족시켜 주시길 원하면서도 당신이 하나님을 만족시켜 드리려는 마음은 전혀 없지요. 당신의 문제는 분명합니다. 그것은 당신이 하나님을 떠난 데 대해 그리고 당신의 죄에 대해 한 번도 회개한 적이 없다는 점입니다."

"그러나 저는 회개했어요! 잘못이 있다면 그건 하나님이에요!" 그녀는 계속해서 주장했다. 나는 그간의 상담 경험을 통해 하나님의 성실성과 신실성을 의심하는 사람에겐 동정심을 보여선 안 된다는 것을 잘 알고 있었다. 그래서 나는 그녀의 눈을 똑바로 쳐다보며 확신 있게 말했다. "당신은 한 번도 회개한 적이 없습니다. 그리고 당신이 회개하기 전까지는 하나님과 살아 있는 관계를 맺을 수 없습니다." 누군가에게 이처럼 직설적으로 말하는 것은 결코 쉽지 않다. 하지만 이 와중에도 나는 좀더 부드럽고 친절하게 말하고자 노력했다. 그러나 그녀는 벌떡 일어나더니 "계속 제게 이런 식으로 말씀하실 거라면 더 이상 말하지 않을래요"라고 소리쳤다. 그리고는 인사도 하지 않고 곧장 나가 버렸다.

집회를 주최한 교회의 담임목사님은 한 시간이 훌쩍 넘기까지 나를 기다리고 있었다. 나는 우리가 대화한 내용과 그녀가 화가 나서 가 버린 경위를 말씀드렸다. 그 목사님은 나의 판단이 옳은지에 대해 확신하지 못하셨다. 하지만 그 역시 대략 7번 정도 그녀와 상담을 했음에도 아무런 도움을 줄 수 없었다고 말했다.

다음날 저녁에 설교를 위해 일어서 돌아보니, 교회 뒷좌석에 그녀가 앉아 있었다. 예배가 끝난 후 그녀는 다시 내게 상담을 요청했다. 하지만 이미 그녀에게 해줄 수 있는 말은 다 했다고 생각했기에, 나는 그녀와 상담할 다른 분을 소개시켜 주었다.

약 1시간 반 후에 그녀가 상담자와 함께 나를 찾아왔다. 오기 전에 많이 울었던 것 같았다. 그녀는 "오늘밤 저는 회개했어요"라고 말했다. 그러면서 전날 밤엔 나에게 극도로 화가 난 상태로 집에 갔었다고 했다. 하지만 마음속 깊이 자신의 자존심이 도전 받았음을 깨달았다. 그녀는 밤새 한 잠도 자지 못했다. 머릿속에서 "당신은 회개한 적이 없어요"라는 말이 울렸던 것이다. 심지어 다음날 기차를 타고 직장에 가는데, 기차 소리마저 "당신은 회개한 적이 없어요"라고 하는 것처럼 들렸단다.

하루 종일 시달린 후, 그녀는 최선을 다해 자신의 이기심을 버리기로 결심했다. 그러면서 주님이 자기 삶에 들어와 사시면서 자유롭게 주님의 목적을 이루시도록 스스로를 맡긴다고 말씀드렸다. "누구든지 나를 위하여 제 목숨을 잃으면 찾으리라"마 16:25고 하신 말씀의 의미를 깨닫게 된 것이다. 거의 포기 상태에서 기적적으로 얻게 된 깨달음이었다. 그 후로도 나는 그녀를 여러 차례 만났고, 그녀가 가끔 내게 편지를 부쳐 오기도 한다. 지난번에 보낸 편지에서는 동남아시아의 어느 미션 스쿨에서 교편을 잡게 되었다고 했다.

정말로, 우리는 우리가 원하는 만큼만 하나님과 가까워질 수 있다. 그리고 하나님과 좀더 가까워지기를 원한다면 그를 위한 요구 조건을 충족시키거나 대가를 지불해야 한다. 이때, 우리가 지불해야 할 대가 중에는 회개가 포함된다. 그렇다면 회개는 무엇인가? 그것은 하나님이 우리 삶 속에서 일하실 수 있도록 반응하는 것이다. 그러나 이 정도의 정의만으론 부족하다. 이제는 회개란 말을 더 분명히 정의할 필요가 있겠다. 과연 회개란 무엇일까?

바르게 생각하기

'회개하다'로 번역된 헬라어 단어는 '메타노에오' metanoeo이다. 이 단어는 '메타' meta와 '누스' nous라는 두 단어의 합성어로, '메타'는 '바꾸다'라는 뜻이고, '누스'는 '마음'이라는 뜻이다. 요컨대 '회개'는 '마음을 바꾼다'는 의미인 것이다. 우리의 삶 속에서 하나님의 역사는 주로 우리의 생각 속에서 이루어진다. 이와 관련하여 바울은 "너희는 이 세대를 본받지 말고 오직 마음을 새롭게 함으로 변화를 받아" 롬 12:2라고 기록했다. 또한 솔로몬은 "대저 그 마음의 생각이 어떠하면 그 위인도 그러한즉" 잠 23:7이라고 말했다.

흔히 하는 말로, 자신이 스스로를 어떤 사람이라고 생각하느냐가 아니라 어떤 생각을 하고 있느냐가 그 됨됨이를 결정한다는 말이 있다. 즉, 존재는 생각의 산물이라는 뜻이다. 이때 회개야말로 생각을 바꾸는 것이다.

회개는 단순히 자기 죄를 부정하고 하나님에 대해 좋은 감정을 느끼는 것이 아니라, 자신의 죄와 하나님에 대한 생각 자체를 바꾸는 것이다. 더불어 그간의 경험을 통해 나는 눈물이 회개의 믿을 만한 표지가 될 수 없음을 알게 되었다.

자신들의 죄와 실패에 비통한 눈물을 흘리지만 정작 마음은 바꾸지 않는 까닭에, 결국 많은 고통을 당하고서도 삶에서 아무런 변화를 경험하지 못하는 이들을 겪어 보았기 때문이다. 이처럼 회개는 죄에 대한 우리의 감정을 바꾸는 것이 아니라 죄는 계속해서 매혹적으로 보일 것이므로 우리의 마음을 바꾸는 것이다. 만약 죄에 대해 슬퍼하며 눈물을 흘리더라도 죄에 대한 마음이 바뀌지 않았다면 그들은 회개한 것이 아니다. 반대로 눈물은 흘리지는 않았지만 죄에 대한 마음을 바꾸었다면, 그들은 회개한 것이다.

한번은 어느 대학에서 강연을 한 적이 있는데, 집회가 끝나고 한 학생과 대화를 나누게 되었다. 당시엔 기독연합회에서 주최한 1주간의 선교 대회에 참석하고 있었던 터라, 그 학생은 궁금한 것이 있어 내게 찾아왔다. 우리는 그날 저녁 늦게까지 이야기했고, 학생은 복음에 대해 열려 있는 것 같았다. 나는 헤어지기 전에, 그리스도인이 되는 데는 대가가 필요하며 결정을 내리기 전에 그에 관해 생각해 보아야 한다고 말해 주었다. 그리고 다음날 저녁, 나는 그 학생이 집회에 참석했길 바랐지만 그의 모습은 보이지 않았다.

그런데 그 다음날 저녁, 학생이 내게로 찾아왔다. 그는 깊이 생각해 보았으나 예수 그리스도께 삶 전체를 드릴 마음이 생기지 않으므로 그리스도인이 되지 않기로 마음먹었다고 말했다. 나는 그가 자진해서 진지하게 고민한 데 감사의 뜻을 전했다. 그러면서 집회가 끝난 뒤 다시 이야기하자고 제안하고는 그날 저녁 늦게 약속을 잡았다.

약속 장소에서 함께 커피를 마시면서, 나는 그리스도인이 될 경우 치러야 하는 대가에 대해 그가 진지하고도 냉철하게 생각했단 사실을

마음의 변화

인정해 주었다. 그러나 이제는 거꾸로 그 진지함과 냉철함을 가지고서 그리스도인이 되지 않을 때 치러야 할 대가에 대해 생각해 보기 바란다고 말했다. 그리고 자정이 훨씬 지난 어느 시점에서 그는 다음과 같이 이야기했다. "좋습니다. 목사님이 저를 이겼습니다. 목사님이 말씀하신 게 진짜라면, 제게는 선택의 여지가 많지 않겠군요. 그렇죠? 저는 이제부터 그리스도인이 되기로 결심했습니다."

이런 그의 말에는 아무런 감정도 실려 있지 않았다. 그야말로 냉철한 결정이었다. 우리는 함께 기도했으며 그는 이제부터 하나님께 자신의 삶을 의탁한다고 말했다. 하지만 돌아오는 내내 그가 정말로 그리스도인이 되었는지가 의심스러웠다. 그의 회심은 너무도 무미건조했고, 지나치게 이성적이었기 때문이다.

하지만 차차 나는 그의 믿음을 인정하지 않을 수 없었다. 그날 밤 정말로 그 학생은 자신의 마음을 바꾼 것이다. 그는 하나님께 자기 삶의 주인이 되는 권리를 내어드렸을 뿐 아니라 자기 자신에 대한 마음도 바꾸었다. 스스로의 부족함을 인정하고 그리스도께 의지하기 시작한 것이다.

그의 회심에는 감정이 거의 개입되지 않았지만 태도에 변화가 있었다. 그 이듬해, 그는 재학 중인 대학의 기독연합회 회장이 되었다. 그리고 현재는 영국 남부에 위치한 성경 대학을 막 졸업하고 전임 사역자로 섬기려는 중이다. 그가 자기 죄에 대해 감정적인 반응을 보인 적은 없으나, 보다 근본적인 차원에서 그는 죄에 대한 생각 자체를 바꾸었다. 이것이 곧 회개이다.

이처럼 마음의 변화는 필연적으로 행동의 변화를 가져온다. 그러므로 만약 행동의 변화가 없다면, 아직 마음의 변화가 없는 것이다. 우리의 행위는 우리의 생각이 참인지 거짓인지를 보여 준다. 그래서 세례 요한이 사람들에게 회개를 촉구했을 때, 그는 마음의 변화에 따르는 어떤 것들을 기대하고 요구했던 것이다.

"자기들의 죄를 자복하고 요단 강에서 그에게 세례를 받더니" 마 3:6.

죄를 자복한다는 것은 무엇인가? 그것은 죄를 지적하고, 인식하며, 구체적으로 거부하는 것을 가리킨다. 이처럼 회개란 하나님과 자기 자신 그리고 죄에 대한 전반적인 마음 자세의 변화를 수반함은 물론 구체적인 변화가 나타나야 한다.

더욱이 우리 죄를 지적하는 일은 그 죄를 이해하는 데도 도움이 된다. 자기 자신에 대해 자꾸만 거짓말을 하게 된다면 그 이유가 무엇일까? 도대체 무엇을 숨기기 위해 계속해서 말꼬리를 늘이는 것일까? 혹시 진실에 직면하기가 두려워서일까?

야고보 사도 역시 "너희 죄를 서로 고백하라" 약 5:16고 권면한다. 문맥을 볼 때 여기서 그는 병을 일으킨 죄에 대해 말하고 있다. 즉, 인식하고 자복해야 할 죄로 인해 육체적, 정신적, 영적인 병이 유발되기도 하는 것이다. 이때 자복은 용서받기 위해 필요할 뿐 아니라, 그 자체로 치유의 효과를 발휘한다.

"회개에 합당한 열매를 맺고" 눅 3:8.

거듭 말하지만, 회개는 변화된 행동 양식으로 표현되어야 한다. 특히 세례 요한은 이에 대해 분명히 언급하고 있다. 누가는 세례 요한에게 어찌하면 회개에 합당한 열매를 맺을 수 있는가 하고 물었던 세 집단 곧 무리들, 세리들, 군병들에 대해 기록해 놓았다. 이에 세례 요한은 회개한 사실을 드러내야 할 구체적인 세 가지 삶의 영역 곧 사회적 영역, 직업의 영역, 그리고 돈에 대한 태도를 언급한다.

사회적 영역

"그러면 우리가 무엇을 하리이까"라고 무리가 묻자, 요한은 "옷 두 벌 있는 자는 옷 없는 자에게 나눠 줄 것이요 먹을 것이 있는 자도 그렇게 할 것이니라" 눅 3:10-11고 대답했다. 하나님께 대한 우리의 진정한 태도는 사람들을 대하는 태도에서 가장 잘 나타난다.

심판 날과 관련해 성경은 사람들이 그 믿음에 대해 질문 받게 될 것이라 말하지 않았으며 항상 그 행위에 대해 질문 받게 될 것이라 말한다. 즉 다른 이에 대한 그들의 행위, 특히 자기보다 약자인 사람들을 향한 행위를 추궁 받게 될 것이라 언급한다. 우리는 이 과정을 결코 피할 수 없다. 그것은 선행을 해야 구원받을 수 있기 때문이 아니라, 선행이 구원받은 자에게서 당연히 나타나기 때문이다. 더 나아가 우리가 받은 구원의 가치는 구원의 열매로 나타나기 마련이다.

마태복음 25장에 나오는 양과 염소의 비유에서 양이 "창세로부터 너희를 위하여 예비된 나라"에 들어갈 수 있는 이유는 그들의 선행 때문이다. "내가 주릴 때에 너희가 먹을 것을 주었고 목마를 때에 마시게 하였고 나그네 되었을 때에 영접하였고 헐벗었을 때에 옷을 입혔고 병들었을 때에 돌보았고 옥에 갇혔을 때에 와서 보았느니라" 마 25:35-36. 반대로, 염소들에게는 다음과 같은 책망이 내려졌다. "저주를 받은 자들아 나를 떠나 마귀와 그 사자들을 위하여 예비된 영원한 불에 들어가라 내가 주릴 때에 너희가 먹을 것을 주지 아니하였고 목마를 때에 마시게 하지 아니하였고 나그네 되었을 때에 영접하지 아니하였고 헐벗었을 때에 옷 입히지 아니하였고 병들었을 때와 옥에 갇혔을 때에 돌보지 아니하였느니라" 마 25:41-43.

이 비유가 말하려는 핵심은 예수 그리스도에 대한 우리의 진정한 태도가 다른 이에 대한 태도에서 나타나며, 우리의 회개가 진실한 것인지의 여부도 그로부터 알 수 있다는 것이다.

사람들은 때때로 자신이 그리스도인임을 어떻게 확신할 수 있는가 하고 물어보는데, 이에 대한 내 대답은 한결같다. 곧 스스로의 행동을 보면 알 수 있는 것이다. 요한일서와 야고보서 등에서는 이 점을 잘 가르치고 있다. 사회적인 양심은 우리 안에 그리스도의 생명이 정말로 존재하고 그분이 자유롭게 역사하시는 한 기본적으로 나타나야 할 삶의 모습이다.

직업의 영역

"세리들도 세례를 받고자 하여 와서 이르되 선생이여 우리는 무엇을 하리이까 하매 이르되 부과된 것 외에는 거두지 말라 하고"눅 3:12-13. 이 말씀이 가르치듯이, 회개는 우리의 직장 생활 안에서 성실성과 정직함으로 표현되어야 한다.

예로부터 세금 거두는 일에는 온갖 폐해가 나타났었다. 세리가 세금을 거두면서 납세자를 착취할 가능성이 있고, 실제로 그런 일들이 벌어지기도 했던 것이다. 사실 이렇게 하는 것은 너무도 쉬웠으며, 세리들도 그런 것을 기대했다. 예수님이 삭개오라는 세리를 맞닥뜨렸을 때 삭개오가 보인 첫 번째 반응은 "주여 보시옵소서 내 소유의 절반을 가난한 자들에게 주겠사오며 만일 누구의 것을 속여 빼앗은 일이 있으면 네 갑절이나 갚겠나이다"눅 19:8였다.

이 말에 예수님이 "오늘 구원이 이 집에 이르렀으니"라고 말씀하셨는데 이는 이상한 반응이 아니었다. 왜냐하면 삭개오가 구원받은 증거가 바로 그의 변화된 태도로 나타났기 때문이다.

그리스도인은 직장에서 가장 신뢰할 만한 사람이어야 한다. 바울은 로마 제국 안에 존재했던 많은 노예들에게 "기쁜 마음으로 섬기기를 주께 하듯 하고 사람들에게 하듯 하지 말라"엡 6:7고 권면했다. 이것은 노예 제도를 옹호하려는 것이 아니라, 그리스도인이 노예가 되었을 때 당시많은그리스도인이노예신분이었다 어떻게 행동해야 하는지를 알려 주기 위함이었다.

돈에 대한 태도

"군인들도 물어 이르되 우리는 무엇을 하리이까 하매 이르되 사람에게서 강탈하지 말며 거짓으로 고발하지 말고 받는 급료를 족한 줄로 알라 하니라"눅 3:14. 여기서는 앞서 언급한 두 가지 영역, 즉 다른 이에 대한 태도와 직업윤리가 언급되는 동시에 특별히 돈에 대한 언급이 추가되었다. "사람에게서 강탈하지 말며 …받는 급료를 족한 줄로 알라."

회개는 돈에 대한 관점의 전환을 내포한다. 바울은 디모데에게 말하기를, "돈을 사랑함이 일만 악의 뿌리가 되나니 …오직 너 하나님의 사람아 이것들을 피하고"딤전 6:10-11라고 했다. 돈은 매우 유용한 도구이나 때로는 사람들을 가혹하게 지배하는 수단이 되기도 한다. 앞서 보았던 젊은 부자 관원의 경우, 돈을 잃지 않으려다가 예수 그리스도의 구원을 놓치지 않았던가. 더불어 관원과 예수님 사이의 대화를 듣고 당황한 제자들에게 예수님은 "재물이 있는 자는 하나님의 나라에 들어가기가 심히 어렵도다"막 10:23라고 말씀하시기도 했다.

하나님의 계획을 모두 완수하는 데 필요한 것은 주께서 필요한 전부를 공급하신다는 점에 대한 확신이다. 회개한 사람은 여기에서 큰 만족감을 얻을 것이다. 이 주제에 대해 성경이 말하는 바를 살펴보는 것만으로도 한 장 전체를 할애해야 할 정도다. 다만 여기서는 세례 요한의 말에 근거하여 회개란 만족할 줄 아는 것임을 지적하는 데서 그칠까 한다.

위에서 언급한 것들은 회개의 열매 중 일부에 불과하다. 거듭 강조하지만 중요한 것은, 하나님께서는 회개로 인한 행위의 변화에 주목하신다는 사실이다. 주 예수님이 이 땅에 오신 이유는 우리로 하여금 바른 믿음과 바른 교리를 갖게 하기 위함이 아니라, 바른 믿음을 기초로 주께서 기뻐하실 만한 행위의 열매를 맺도록 하기 위함이다.

요컨대 믿음은 목적을 위한 수단이며, 최종 목적은 우리의 행위이다. 마음의 변화는 반드시 행동의 변화로 이어져야 한다. 그렇지 않으면 그 믿음은 거짓된 것이라 비난 받을 수 있으며, 심판 날에 불타 버릴 "나무나 풀이나 짚"고전 3:12이 되고 말 것이다.

Chapter 6.
죄 사함과 하나님의 공의

BBC 라디오 방송의 대담 프로에서 스코틀랜드에 위치한 어느 정신과 병원 원장이 놀라운 관찰 결과를 발표했다. "만일 제가 돌보는 환자들이 자신이 용서받았단 확신을 갖게 된다면 그들 중 과반수는 내일 당장 퇴원할 수 있을 겁니다." 실제로 정신질환의 상당수가 방치된 죄의식에서 비롯된다. 그 원장은 그 비율을 약 50퍼센트로 보았다.

죄의식에 대해 우리는 다양한 관점에서 말할 수 있을 것이다. 분명한 사실은 죄의식이 파괴적이며, 우리는 그것을 다루는 방법을 배워야한다는 점이다. 시편 기자 다윗은 자신의 경험을 통해 죄의식이 초래하는 결과에 대해 이렇게 썼다.

"내가 입을 열지 아니할 때에 종일 신음하므로 내 뼈가 쇠하였도다 주의

> 손이 주야로 나를 누르시오니 내 진액이 빠져서 여름 가뭄에 마름같이 되었나이다 (셀라)" 시 32:3-4.

이처럼 죄의식은 무거운 짐이며 우리를 지치게 하고 고통 중에 신음하도록 한다. 그렇다면 이 지겨운 죄의식을 물리칠 방법은 없을까?

오늘날 죄의식을 다루는 데는 크게 두 가지 방법이 동원된다. 첫 번째 방법은 개인이 느끼는 책임감과 실패감을 감소시키기 위해 그 의미를 재정의하는 것이다. 이때 많은 심리학자들은 피상담자들의 죄의식을 일으키는 외부 요인들을 찾는 데 많은 시간을 보낸다. 피해자들은 성장 과정, 부모, 조부모, 이웃, 교회, 국가, 정부 등에 원인을 돌리며 자신들은 책임이 없다는 식으로 그것을 욕하고 저주함으로써 감정을 발산한다. 이 경우, 환자들은 자기 죄의식이 학대로부터 비롯된 거짓 감정이라 여기기 때문에 그 죄의식을 받아들이길 거부한다. 이처럼 죄의식의 원인을 외부에 돌리면 확실히 마음이 편해지긴 할 것이다. 적어도 표면상으로는 그럴 것이다. 하지만 유감스럽게도, 이것만으로는 문제가 해결되지 않는다.

죄의식을 처리하는 또 다른 방법은 현실에 직면하여 책임을 짐으로써 죄의식을 다루어 없애는 것이다. 그리스도인이라면 이 두 번째 방법을 취하여, 죄의식에 대한 스스로의 책임감을 절감하며 죄를 자백할 것이다. 그 다음에는 주가 주시는 사죄의 은총을 받아들이는 단계로 나아간다. 회개로 인해 나타나는 첫 번째 결과는 바로 이런 죄 사함의 체험이다. 오순절 날, 군중이 "형제들아 우리가 어찌할꼬?"라고 물었을 때 베드로는 "너희가 회개하여 각각 예수 그리스도의 이름으로 세례를 받고 죄 사함을 받으라" 행 2:38고 대답한다.

기독교적 의미의 죄 사함이란 죄가 지워지는 것을 의미한다. 더 이상은 과거의 죄로 인해 죄인으로 간주되는 일이 없을 것이다. 이 얼마나 놀라운 말씀인가! 그런데 이것이 성경적이며 교리적으로 옳다고 인정하기는 쉬울지 몰라도 스스로에게 적용하여 믿기란 좀처럼 쉽지 않다. 많은 사람들이 죄 사함에 대해 교리적으로는 쉽게 인정하나 그것을 실질적으로 인정하는 데는 어려움을 겪는다. 사람들은 다른 이들의 죄 사함에 대해서는 비교적 쉽게 믿지만 그 자신의 죄 사함에 대해서는 믿기 어려워하기 때문이다.

나는 그동안 전 세계를 돌아다니며 설교하고 무수히 상담해 왔다. 그러면서 너무나 많은 그리스도인들이 하나님의 죄 사함이 포괄적이지 않다고 생각함을 알고서 무척 놀랐다. 그들은 죄의식을 무기로 스스로를 끊임없이 공격하며 때때로 동일한 죄에 대해서도 거듭 고백한다. 또한 회개의 말을 하고 난 다음에도 죄 사함 받았다는 사실을 확신하지 못한다.

한번은 이런 일이 있었다. 한 50대 여성이 10대 후반이던 약 30년 전에 정말로 나쁜 짓을 했었노라고 내게 고백했다. 그녀는 30년 전에도 지금처럼 그리스도인이었는데, 이 사실이 그녀로 하여금 죄의식을 가

중시켰다. 그 이후 오랜 세월 동안 그녀는 죄의식 속에 살면서 전혀 자유를 누리지 못했다. 잠자리에 들기 전마다 30년 묵은 죄를 고백해 왔음에도 여전히 죄 사함의 확신을 가질 수 없어 괴롭다고 했다.

교회도 정기적으로 출석하고 있지만 자신이 무가치하다는 생각 때문에 그 어떤 직책도 거절했다. 특히 그녀는 주일학교 선생이 되라는 권유를 여러 차례 마다했다. 그 일을 맡을 능력이 충분했지만 자신의 죄의식 때문에 거절했던 것이다. 그녀의 말에 의하면 죄의식으로 인해 그녀는 좋은 아내도 좋은 어머니도 될 수 없었다고 한다. 그리고 현재 그녀는 의사도 고칠 수 없는 병에 걸린 상태다. 그녀 생각엔 자신이 병에 걸린 원인이 너무도 분명했다. 즉, 하나님의 심판이 드디어 자신에게 임했다는 것이다.

이건 좀 극단적인 경우라고 생각되는가? 하지만 생각만큼 그렇게 극단적이지는 않다. 그녀의 이야기는 내가 접한 많은 사례 중 하나에 불과하며, 다른 사연을 거론했어도 내용은 거의 비슷했을 것이다. 어쩌면 당신은 자신이 그녀와 비슷한 처지라고 생각할지도 모르겠다. 많은 그리스도인들이 평온한 모습 이면에 해결되지 않은 죄의식을 갖고 있는 것이다. 지금 이 순간에도 누군가는 자신이 '사하심을 영원히 얻지 못할 죄' 막 3:29 참고를 범했다는 두려움에 고통 당하고 있으며, 그리스도인임에도 불구하고 심판 날을 두려워한다. 앞선 사연의 여인 역시 그러했다. 이에 나는 그녀와 진리에 대해 대화를 나누었는데, 이제는 그 진리를 당신과 함께 나누고자 한다.

죄의 책망과 참소

당신의 죄에 대해 당신에게 말하는 존재는 둘이 있다. 그 하나는 성령이시고 다른 하나는 사탄이다. 성령에 관해 예수님은 이렇게 말씀하셨다.

"그가 와서 죄에 대하여, 의에 대하여, 심판에 대하여 세상을 책망하시리라" 요 16:8.

다시 말해, 죄를 사하시는 것 외에 성령의 사역 중 하나가 죄를 책망하는 것이라는 말씀이다. 그런데 사탄도 이와 유사한 역할을 한다. 사탄은 "우리 형제들을 참소하던 자" 계 12:10로서, 그의 일은 책망하는 것이 아니라 참소하는 것이다. 요한계시록 12장 10절은 계속해서 사탄을 "우리 하나님 앞에서 밤낮 참소하던 자"라고 말한다. 즉 사탄은 우리의 동기를 중상모략하고 우리 인격을 욕보이기 위해 하나님께 끊임없이 고자질하는 것이다 참고로 욥 1장 9-11절을 보라. 거기서도 사탄은 욥의 선행에 나쁜 동기가 깔려 있었다고 참소한다. 사탄은 하나님 앞에서 우리를 참소하는 것과 마찬가지로 우리 자신에게도 우리를 참소한다.

성령의 책망과 사탄의 참소 사이에는 큰 차이가 있다. 참소는 젖은 담요를 던져 사람을 질식시키듯 우리의 죄를 우리에게 던지는 것이다. 반면 책망은 우리로 하여금 죄를 인식케 하는 동시에 피할 길과 죄 사함의 가능성을 알려 준다. 성령은 우리를 참소하기 위해서가 아니라 자유롭고 깨끗하게 하시고자 죄를 드러내시는 것이다. 만일 우리가 죄를 인식하고 나서도 끊임없이 절망감과 죄책감에 사로잡힌다면, 그런 죄의식의 근원은 바로 사탄이다.

그런데도 어떤 사람들은 하나님의 평가보다 사탄의 평가를 더 잘 받아들임으로써 이 문제에서 헤어나오질 못한다. 사실, 우리에겐 좋은 소식보다는 나쁜 소식을 더 잘 믿는 경향이 있다. 스스로에 대해 본질적으로 부정적인 시각을 갖고 있어서, 죄 사함을 믿고 의롭다 여기심을 인정하며 자유를 누리기보다는 자신이 잘못한 것만 생각하며 죄책감에 시달리기를 습관화한 것이다. 물론 여기서 나는 죄의 심각성을 과소평가하려는 것이 결코 아니다. 다만 죄책감 같은 단어가 우리 사전의 마지막 단어는 아님을 말하려는 것이다. 죄는 이미 처리되었고 죄책은 소멸될 것이기 때문이다!

내가 알고 있는 한 여자는 독특한 버릇을 가지고 있다. 자동차를 타고 가다가 누군가 경적을 울리면 본능적으로 자기를 향해 그러는 것이라고 생각한다. 주변에 50대가 넘는 차가 있더라도 그녀는 자신이 뭔가 잘못을 해서 경적을 울린다고 생각한다. 내가 볼 때, 그녀의 이런 버릇은 죄의식을 다루는 데 있어 오랫동안 실패한 데서 비롯한 것 같다. 그녀는 그리스도인이었음에도 항상 자신을 멸시했으며, 하나님도 자기를 항상 멸시하신다는 생각을 갖고 있었다. 사탄은 그녀의 이 부정적인 태도를 이용했다. 그래서 그녀로 하여금 끊임없이 두려움과 죄의식을 느끼게 했던 것이다. 그러나 사탄은 거짓말쟁이다. 예수님은 사탄에 대해 이렇게 말씀하셨다.

> "너희는 너희 아비 마귀에게서 났으니 너희 아비의 욕심대로 너희도 행하고자 하느니라 그는 처음부터 살인한 자요 진리가 그 속에 없으므로 진리에 서지 못하고 거짓을 말할 때마다 제 것으로 말하나니 이는 그가 거짓말쟁이요 거짓의 아비가 되었음이라" 요 8:44.

사탄이 거짓말을 하지 않는 유일한 때는 우리 죄에 대해 지적할 때이다. 왜냐하면 대다수의 사람들이 자기가 범한 죄의 실상이 그만큼 악하다는 것을 인정하기 때문이다. 이때 사탄은 거짓말을 통해 그 죄를 그리스도의 십자가 아래로 가져가지 못하게 한다. 그리스도의 십자가 아래서 이미 우리의 모든 죄가 처리되었고 용서받았음에도 우리를 계속 정죄하는 것이다.

흥미로운 점은 사탄이 그리스도 밖에 있는 사람들은 정죄하지 않는다는 것이다. 사실, 그렇게 할 필요가 없다. 그리스도 밖에서는 죄 사함을 받지 못하기 때문이다. 죄를 범하면서도 아무런 문제를 느끼지 못하는 사람들에게서 양심을 불러일으켜 봤자 아무 소용이 없다. 오직 그리스도께 나아와 죄 사함을 받으려는 순간, 사탄은 하나님께서 이미 묻으신 것을 파헤쳐서 우리를 참소하고 우리의 자유와 기쁨을 파괴하려 든다.

죄 사함의 근거

죄 사함에 대해 제대로 알지 못하면 그 은총을 누릴 수 없다. 거룩하고 의로우신 하나님의 성품 가운데 나의 죄를 사하시는 근거는 무엇일까? 이 주제를 놓고 강연할 때, 나는 곧잘 다음 질문을 던지곤 한다. 즉, 하나님이 우리 죄를 사해 주시는 것이 그분의 자비에 근거한 것인지 아니면 그분의 공의에 근거한 것인지를 묻는 것이다. 하나님이 우리 죄를 사해 주시는 이유는 그분이 관대하시고 친절하시기 때문인가, 아니면 절대적으로 옳고 정의로우시기 때문인가?

대다수의 사람들은 하나님이 그분의 자비하심에 근거해 우리 죄를 용서해 주신다고 답한다. 그러나 이 대답은 틀렸다! 하나님은 그분의 공의에 근거해 우리 죄를 사해 주신다.

"만일 우리가 우리 죄를 자백하면 그는 미쁘시고 의로우사 우리 죄를 사하시며 우리를 모든 불의에서 깨끗하게 하실 것이요" 요일 1:9.

만일 하나님이 자비에만 근거해 우리 죄를 사해 주셨다면 십자가는 필요치 않았을 것이다. 하나님의 죄 사함이 공의로운 행동인 까닭은 그리스도의 십자가 죽음이 있었기 때문이다. 죄 사함이 가능한 것은 하나님의 공의에 호소해서이지, 하나님의 자비에 호소해서가 아니다. 그 이유를 자세히 살펴보자.

정의와 자비는 그 자체만으로는 공존할 수 없다. 동일한 사람에게 동일한 일을 놓고 정의와 자비를 동시에 시행할 수는 없는 것이다. 이렇게 생각해 보자. 만일 내가 속도위반으로 재판을 받아 유죄 판결을 받게 되었다고 하자, 판사는 내게 자비를 베풀어 석방시키거나 아니면 정의를 적용해 벌금을 물릴 것이다.

그러나 이 두 가지 태도를 동시에 취할 수는 없다. 만일 그가 자비를 베풀어 나를 석방하기로 결정하면, 그와 동시에 정의를 실행하여 벌금을 물릴 수는 없다. 혹은 판사가 자비를 베풀고 싶은데도 판사로서의 의무감 때문에 내게 50파운드의 벌금을 물린다면, 그 결정은 완전히 정의에 근거한 것이며 나의 석방은 그 벌금을 지불하느냐 안 하느냐에 달리게 된다.

이번에는 상상력을 넓혀서 판사가 순전히 나를 불쌍히 여기는 마음으로 내가 지불해야 할 50파운드를 대신 지불한다고 가정해 보자. 그렇다 하더라도 재판 기록에는 내가 유죄로 판명되었으며 벌금 50파운드를 부여받았고, 그 벌금이 지불되었다고만 적힐 것이다. 이때 나를 향한 판사의 태도는 자비와 친절에 근거하나 이 경우에도 법적인 관점에서 볼 때 내가 자유롭게 법정을 나설 수 있는 이유는 판사의 자비 때문이 아니다. 내가 자유롭게 법정을 떠날 수 있는 이유는 정의에 따른 판결이 시행되었기 때문이다. 즉 벌금이 지불되었기에 법적으로 자유롭게 된 것이다. 좀 복잡한가? 어쨌든 중요한 것은 나의 자유가 정의에 근거한다는 사실이다!

십자가 사건이 우리를 향한 하나님의 사랑과 자비로 말미암았음은 너무도 분명하다. "하나님이 세상을 이처럼 사랑하사 독생자를 주셨으니" 요 3:16. 그러나 그리스도를 보내사 우리의 대속물로 십자가에서 죽게 하신 지금, 하나님이 우리 죄를 다루시는 과정은 정의에 기초한다. 베드로는 이렇게 말한다.

> "그리스도께서도 단번에 죄를 위하여 죽으사 의인으로서 불의한 자를 대신하셨으니 이는 우리를 하나님 앞으로 인도하려 하심이라" 벧전 3:18.

율법의 요구가 충족되자 하나님은 법적으로 그리고 도의적으로 우리 죄를 사해 주실 의무를 지니게 되었다. 이것이 바로 우리가 죄 사함을 구하고 받을 수 있는 근거이다. 죄 사함에 대한 믿음은 추론에 따른 결과가 아니다. 이 믿음은 진리로서 하나님의 공의와 성실성에 근거한다.

앞선 예에서 판사가 내 벌금을 물어 주었다면, 비록 내가 한 푼도 지불하지 않았다 할지라도 합법적이고 정당하게 법정을 나갈 수 있다. 아무도 나를 붙잡고 돈을 내라고 강요할 수 없다. 심지어 만일 내가 양심상 50펜스를 추가로 더 지불한다 해도, 장부상 수입과 지출이 균형을 잃게 될 것이다. 부과된 벌금이 50파운드인데 50파운드 50펜스를 지불하면 안 되는 것이다. 바로 이것이 우리의 속죄 행위가 불필요한 이유이다. 따라서 어떤 형태로든 속죄해야 한다고 주장하는 것은 그리스도께서 이루신 일의 완전성을 손상시키는 것이다. 나는 내 죄를 위해 지불된 벌금 외에 다른 돈을 낼 형편도 안 되고 또 그렇게 할 필요도 없다. 왜냐하면 벌금이 이미 지불되었기 때문이다!

죄 사함이 자비의 결과라고 생각한다면, 죄를 범할 때마다 우리는 하나님의 자비를 더 이상 받지 못할까봐 두려워하기 쉽다. 전에는 죄를 사해 주셨더라도 또다시 그러실 것 같지는 않다고 느끼는 것이다. 얼마나 많은 사람들이 바로 이런 생각을 하며 사는가. 그러나 사실상 그들은 십자가 사건의 중요성을 놓치고 있는 것이다. 특히 사탄은 십자가의 충족성과 효력을 의심하게 만드는데, 그것은 십자가 상에서 죄의 세력이 꺾였고 십자가를 통하여 사탄이 박살났기 때문이다. 더불어 하나님은 공의로써 죄를 사해 주시기에, 그분의 죄 사함을 의심한다면 하나님의 공의로우심과 도덕성을 의심하는 것이 된다. 우리는 절대로 그렇게 해서는 안 되며, 결코 그렇게 할 필요도 없다.

물론 죄 사함을 받는 데는 일정한 조건이 있다. 베드로는 "너희가 회개하여 …죄 사함을 받으라"행 2:38고 말한다. 또한 사도 요한도 "만일 우리가 우리 죄를 자백하면 그는 미쁘시고 의로우사 우리 죄를 사하시며"요일 1:9라고 말한다. 예수님은 산상 설교에서 "너희가 사람의 잘못을 용서하면 너희 하늘 아버지께서도 너희 잘못을 용서하시려니와 너희가 사람의 잘못을 용서하지 아니하면 너희 아버지께서도 너희 잘못을 용서하지 아니하시리라"마 6:14-15고 말씀하셨다. 성경은 우리가 하나님 앞에서 죄를 자백하고, 그 죄에 대해 회개해야 하며, 하나님께 죄 사함을 바라듯 동일하게 다른 이의 죄를 용서해야 한다고 분명히 말씀하고 있다.

다른 사람의 죄는 용서하지 않으면서 하나님께 죄 사함을 받을 수는 없다. 예수님은 이것을 분명히 말씀하셨으며 주기도문을 통해서도 "우리가 우리에게 죄 지은 자를 사하여 준 것같이 우리 죄를 사하여 주시옵고" 마 6:12라고 기도할 것을 가르치셨다. 혹시 다른 이의 잘못을 용서하지 못했는가? 그렇다면 하나님께 죄 사함 받을 것을 기대해서는 안 된다. 다른 이의 죄를 용서하는 마음은 회개의 한 요소이기 때문이다.

용서받지 못하는 죄

몇몇 그리스도인들은 엄청난 두려움에 사로잡혀 살아간다. 자신이 결코 '용서받지 못할 죄'를 범했다고 생각하기 때문이다. 이것은 일종의 영적 장애로, 하나님께 쓰임 받는 데 있어 심각한 제한 사항이 된다. 그렇다면 주께서 말씀하신 '용서받지 못할 죄'란 무엇일까? 예수님이 이에 대해 말씀하셨는데 그 내용은 마태복음, 마가복음, 그리고 누가복음에 기록되어 있다.

마가복음에 기록된 말씀은 "누구든지 성령을 모독하는 자는 영원히 사하심을 얻지 못하고 영원한 죄가 되느니라" 막 3:29이다. 문제는 "성령을 모독하는" 것의 의미를 어떻게 이해할 것인가이다. 먼저, 이 말씀이 나온 상황을 살펴보자. 이것은 서기관들이 예수님의 삶에서 나타나는 성령님의 역사를 인정하지 않고 주의 초자연적인 능력이 귀신의 왕인 바알세불에게서 기인한 것이라 말하는 상황 속에서 나온 말씀이다.

말씀을 이해하는 데 있어 중요한 것은 성경 전체의 문맥 속에서 그를 이해하는 것이다. 특히나 전체 성경의 정신에서 벗어나는 것 같은 말씀을 이해할 때 이를 염두에 두어야 한다. 성경은 하나의 통일체라서 세부적인 말씀들을 이해할 때는 늘 통일체의 한 부분으로서 이해해야 하며, 어떤 문맥에서 한 문장만을 떼어내어 잘못 해석함으로써 진리 아닌 것을 위한 근거로 삼아서는 안 된다.

한편 성경의 다른 곳에서는 하나님의 용서가 우리의 모든 죄를 다 포괄한다고 말한다. 사도 요한은 "예수의 피가 우리를 모든 죄에서 깨끗하게 하실 것이요"요일 1:7, 그리고 "만일 우리가 우리 죄를 자백하면 그는 미쁘시고 의로우사 우리 죄를 사하시며 우리를 모든 불의에서 깨끗하게 하실 것이요"요일 1:9라고 말한다. 그리고 바울은 "이제 그리스도 예수 안에 있는 자에게는 결코 정죄함이 없나니"롬 8:1라고 말하고 있다.

이때 이 말씀에 대한 예외 구절이 없음을 반드시 기억하라. 다시 말해, "우리를 모든 죄에서 깨끗하게 하실 것인데, 만일 용서받지 못하는 죄를 범하게 되면 당신의 죄는 그대로 남게 된다"는 식의 말씀은 없다. 절대로 그런 말씀은 없다. 오직 성경은 하나님의 죄 사함에 모든 죄가 다 포함된다고 말씀한다! 용서받지 못할 죄를 범함으로 인해 부분적으로만 죄 사함 받는 사람들을 위한 예외 조항이라? 그런 것이 성경에는 기록되지 않았다. 다시 한 번 강조하지만 이 사실을 아는 것이 매우 중요하다.

죄 사함을 받을 유일한 길은 성령님의 책망에 반응하여 그리스도의 죽음을 상기하는 데서 시작된다. 우리로 하여금 죄를 인식하게 하고 그리스도를 통해 죄에서 벗어날 길을 가르쳐 주시는 분은 성령님이시다. 그러므로 만약 성령님의 사역을 막아선다면 죄 사함의 길을 막는 것과 같다.

그런데 서기관들이 바로 이런 일을 저질렀던 것이다. 그래서 예수님은 그들에게 용서받지 못할 가능성에 대해 경고하셨다. 너무나 완고했던 서기관들은 예수님의 사역에 초자연적인 역사들이 있음을 인정하면서도 그것들을 하나님의 영이 행하신 것으로 보지 않고 사탄이 행한 것으로 보려고 했다. 요컨대 용서받을 수 없는 죄는 어떤 사람이 순간적으로 범하는 행동에 기인하는 것이 아니다. 그것은 죄 사함 받을 수 있는 유일한 방법이신 성령을 거부하거나, 죄 안에 거하며 용서받지 못한 상태로 그대로 있기를 선택하는 것이다.

바로 이런 이유에서, 이미 그리스도인이 된 사람은 그런 죄를 범할 수가 없는 것이다. 그리스도인이 되려면 성령의 역사에 올바르게 반응하여 용서받지 못하는 죄 짓기를 거부하는 과정을 거쳐야 한다. 그러니 그리스도인 가운데 자신이 용서받지 못한 죄를 지었다고 생각하는 사람이 있다면, 부디 안심하라. 당신을 정죄하는 구절을 성경 전체의 문맥에서 떼어내 이해하지 말고 모든 죄를 사하시는 하나님의 은총 안에서 기쁨을 누리라. 당신은 참으로 깨끗하게 되었다!

하나님이 우리의 죄를 처리하시는 방법

지금부터는 하나님이 우리의 죄를 어떻게 처리하시는지 생생하게 말씀하고 있는 성경 구절을 살펴보고자 한다. 아래의 구절들을 묵상하면 많은 위로와 용기를 얻을 것이다.

"동이 서에서 먼 것같이 우리 죄과를 우리에게서 멀리 옮기셨으며" 시 103:12.

하나님은 북이 남에서 먼 것같이 우리 죄를 우리에게서 멀리 옮기셨다고 말씀하지 않고, "동이 서에서 먼 것같이" 옮기셨다고 말씀하신다. 북쪽과 남쪽은 고정되어 있지만 동쪽과 서쪽은 고정되어 있지 않다. 최근에 나는 비행기를 타고 런던에서 일본으로 간 적이 있다. 런던에서 출발한 비행기는 북쪽을 향했다. 비행기는 영국 본토를 세로로 완전히 가로질러 스코틀랜드 북쪽에 위치한 오크니 제도를 지나, 마침내 북극권 위를 날았다. 비행기는 직선으로 날아갔지만, 얼마 안 있어 지구의 가장 북쪽 지점을 경유하고 알래스카를 지나 남쪽으로 날아가 앵커리지에 착륙했다. 그런 다음 도쿄가 있는 남서쪽 방향으로 날아갔다. 북쪽은 고정된 지점이며 남쪽 역시 마찬가지다.

그러나 동쪽과 서쪽은 그렇지 않다. 당신이 비행기를 타고 서쪽으로 출발하여 계속 지구를 돌아가면 출발했던 그 지점으로 돌아오게 되지만, 그래도 서쪽으로 계속 가는 것이지 동쪽에 도착한 것은 아니다. 이와 마찬가지로 비행기를 타고 동쪽으로 날아가더라도 계속 동쪽으로 가는 것이지 서쪽에 도착한 것은 아니다.

이처럼 동과 서는 실재하는 지점이 아니다. 하나님은 존재하지 않는 두 지점이 서로 먼 것같이 우리의 죄과를 우리에게서 멀어지게 하시겠다고 약속하셨다. 정말로 멋진 일이 아닌가? 우리와 우리의 죄는 도저히 만날 수 없는 곳으로 분리되었다! 그러므로 용서받은 죄인으로서 자기 죄를 부활시키려 들지 말고, 당신과 당신의 죄를 어떻게든 만나게 하려는 사탄의 시도를 과감히 물리쳐라.

"내 모든 죄를 주의 등 뒤에 던지셨나이다" 사 38:17.

하나님이 편재하신다면 즉 동시에 모든 곳에 존재하신다면, 하나님의 등 뒤가 도대체 어디라고 말할 수 있겠는가? 하나님의 등 뒤가 어디든 그곳은 우주 바깥이며, 개념상 존재하는 모든 것 저 너머의 장소일 것이다. 혹자는 이런 해석을 두고 내가 성경을 너무 글자 그대로 이해하려 한다고 생각할지도 모르겠다. 그래서 우리의 죄를 문자 그대로 하나님의 등 뒤에 두셨다기보다는, 그분의 생각에서 우리 죄를 제거해 버리셨다는 정도로 이해하는 편이 낫다고 말할지도 모른다. 물론 그럴 수도 있다. 어쨌든 이 말씀은 하나님이 우리의 죄를 무한히 먼 곳으로 옮기셨음을 생생히 전하고 있다.

"나 곧 나는 나를 위하여 네 허물을 도말하는 자니 네 죄를 기억하지 아니하리라" 사 43:25.

하나님은 독특한 능력을 갖고 계신다. 하나님은 죄를 용서해 주실 뿐 아니라 완전히 잊어버리신다. 정확히 말해, 더 이상 죄를 기억하지 아니하신다! 나는 한때 이 말씀을 이해하기가 어려웠다. 만약 하나님이 우리의 죄를 잊어버리신다면, 우리가 과거의 죄를 다른 이에게 말할 때마다 그 죄를 잊으신 하나님이 우리의 고백을 거짓말로 여기실 수 있기 때문이다.

그러나 이 말씀의 정확한 의미는 하나님이 죄를 정말로 잊으셨다는 것이 아니라 더 이상 기억하지 아니하심을 뜻한다. 다시 말해 하나님이 결코 나의 과오를 끄집어내지 않으시며, 그에 대한 해명을 더 이상 요구하지도 않으시고, 이것을 무기로 나를 정죄하지 않으신다는 뜻이다. 하나님은 마치 내가 죄를 범한 적이 없다는 듯 나를 대우하실 것이다.

인간은 이런 하나님의 형상대로 지으심을 받았지만, 그럼에도 주님처럼 마음대로 잊지는 못한다. 용서하는 능력은 갖고 있으나 마음대로 잊을 능력이 우리에겐 없는 것이다. 이에 관해 한 가지 일화가 떠오른다. 언젠가 나는 뉴욕 맨해튼의 한 교회에서 설교한 적이 있었다. 교회는 사람들로 가득 차 있었고 설교는 중간 정도 진행된 상황이었다. 그런데 갑자기 벽 쪽 끝에 앉아 있던 한 남자가 일어났다. 그는 나가려는 듯 했지만 아무도 그가 지나가도록 길을 내주지 않았다.

잠시 후에 그의 뒤에 앉아 있던 사람이 일어나 그의 어깨를 톡톡 치며 큰소리로 말했다. "앉아요, 당신 때문에 앞이 안 보이잖아요." 그러자 앞줄의 남자가 돌아보며 똑같이 큰소리로 "지금 나가려고 하고 있잖소"라고 대꾸했다. "그러면 어서 나가든지 아니면 앉아요. 거기 그렇게 서 있지 말고." 뒷줄에 있던 사람이 다시 말했다. 그런데 이 말이 끝나기가 무섭게 앞줄에 있던 남자가 주먹으로 뒷줄 남자를 쿵 소리가 날 만큼 바닥에 때려눕히는 게 아닌가.

분이 덜 풀렸는지 그 남자는 자기 의자에 무릎 꿇고 몸을 뻗어 한 대를 더 때렸다. 상황이 이쯤 되자 두세 사람이 재빨리 달려들어 그를 붙들고는 뒷문으로 끌고 갔다. 예배가 끝나자, 그 남자는 다시 들어와서 집회를 방해해 죄송하다며 내게 사과했다. 그는 자신이 술 취한 상태였기 때문에 정상적으로 행동하지 못했었다고 설명했다. 그러고는 자기를 용서해 줄 수 있겠냐고 내게 물었다. 나는 그를 용서해 주었다. 진심이었다.

그 다음날 저녁 설교를 막 시작하려고 하는데 갑자기 문이 열리더니 그 남자가 걸어 들어오는 게 보였다. 바로 그 순간 내 안에서, '조심해라, 골칫덩어리가 들어왔어!' 라고 말하는 작은 소리가 들렸다. 왜 그랬을까? 내가 그를 용서하지 않았기 때문인가? 아니다. 나는 그를 용서했다. 다만 그의 잘못을 잊지 않았던 것이다. 만약 내가 그를 가까이서 만날 기회가 있다면, 그가 주먹을 휘두를 것에 대비해 되도록 멀찍이 떨어져 앉고자 할 것이다. 내게는 그를 용서할 능력은 있었으나, 더 이상 기억하지 않을 능력은 없었던 것이다. 그러나 하나님은 그런 능력을 갖고 계신다. 하나님은 실패자와 죄인이었던 나를 예전 모습 대로 대우하지 않으신다. 이미 깨끗해진 과거는 하나님께 아무 의미가 없다.

"이제 그리스도 예수 안에 있는 자에게는 결코 정죄함이 없나니" 롬 8:1.

거듭 말하지만 정말로 하나님은 우리 죄를 기억하지 않으신다. 이 구절의 시제가 현재진행형임에 주목하라. 오늘날 더 이상의 정죄는 없다. 그리고 하나님은 나를 대적하지 않으신다. 갈등은 끝났고, 죄책은 사라졌으며, 나는 정죄 받지 않는다. 그리스도인이 죄책감을 느낄 때 그것은 사탄에게서 기인한 것이지 하나님에게서 기인한 것이 아니다. 죄책감이 들 때 우리는 사탄을 대적해야 한다.

"사랑이 우리에게 온전히 이루어진 것은 우리로 심판 날에 담대함을 가지게 하려 함이니 주께서 그러하심과 같이 우리도 이 세상에서 그러하니라" 요일 4:17.

이것은 주목할 만한 구절이다. 심판 날에 우리는 두렵고 떨리는 마음으로, 하지만 겸손하고 담대하며 확신에 차서 하나님의 존전에 나아가게 될 것이다. 그럴 수 있는 이유가 무언가? 사도 요한은 우리를 향한 하나님의 사랑이 "주의 어떠하심과 같이 우리도 세상에서 그러하다"는 사실에서 잘 나타난다고 말한다. 우리는 주 예수 그리스도처럼 순결하고 의로운 모습으로 하나님 아버지 앞에 설 것이다. 그리고 하나님은 독생자 예수님을 맞이하시듯 우리를 맞아 주실 것이다.

왜 그런가? 우리가 노력했기 때문인가? 물론 아니다. 하늘이 캄캄해지고 아버지 하나님께서 그의 순결하고 거룩하며 의로운 아들을 죄로 삼으시던 날, 모든 것이 달라졌다. 그날, 나의 모든 더러움과 실패 그리고 죄가 주 예수께 전가되었고 그 대신 예수님의 모든 선하심과 순결하심이 나에게 부어졌다. 이 사실을 바울은 다음과 같이 표현한다.

"하나님이 죄를 알지도 못하신 이를 우리를 대신하여 죄로 삼으신 것은 우리로 하여금 그 안에서 하나님의 의가 되게 하려 하심이라" 고후 5:21.

이 얼마나 놀라운 교환인가! 리빙 바이블Living Bible에서는 이 구절을 "하나님께서 죄 없으신 그리스도를 택하여 그의 속에 우리의 죄를 부으셨다. 그리고 그 대신에 그리스도는 하나님의 선하심을 우리 속에 부으셨다"라고 의역하고 있다. 그리스도는 우리의 죄를 가져가셨고, 우리는 그리스도의 의를 취하게 되었다. 부디 이 죄 사함의 기쁨을 사탄이 빼앗아가지 못하게 하라.

　이처럼 죄 사함 받고 죄 씻음 받는 일이 놀라운 사건이라 할지라도, 그것이 그리스도인의 삶 전체를 말해 주는 것은 아니라는 사실을 기억하라. 예수 그리스도는 단지 우리를 깨끗하게 하시고자 이 땅에 오신 것이 아니다. 우리가 죄로부터 깨끗하게 되는 것은 반드시 필요한 일이지만, 죄의 제거는 목적을 위한 수단일 뿐이다. 그렇다면 이제 그 목적에 대해 알아볼 차례다.

Chapter 7.
우리 안에 계신 성령님

    예수 그리스도의 사역의 목적은 우리의 죄를 사하시는 것 이상이다. 죄 사함의 은총은 이미 앞에서 살펴보았듯 사람들의 가장 깊은 필요를 채워 준다. 그러나 사람들은 단지 죄 사함만을 필요로 하는 것이 아니라 선에 대한 갈망도 가지고 있다. 사람들이 죄의식을 갖는 이유는 선하게 살려고 하기 때문이다.

    그리스도의 사역의 목적이 바로 여기에 있다. 즉 선을 확립함이 그것이다. 그리스도는 성령으로 말미암아 우리 안에 거하시고자 먼저 우리의 죄를 씻어 내신다. 실제로 한 사람을 그리스도인으로 만드는 것은 죄 사함이 아니라, 그를 기초로 한 성령의 임하심이다. 이에 관해 사도 바울은 "누구든지 그리스도의 영이 없으면 그리스도의 사람이 아니라"롬 8:9고 쓰고 있다. 갈보리 십자가에서 죽으실 때 그리스도는 죄 사함에 대한 우리의 필요를 채워 주셨다. 그러나 그리스도께서 권능 있는 삶, 거룩한 삶에 대한 우리의 필요를 채워 주신 것은 성령이 임했던 오순절 때였다.

성령과 그리스도

성령의 사역과 그리스도의 사역간의 관계를 아는 일은 매우 중요하다. 사도 요한은 예수님이 제자들에게 하신 말씀을 이렇게 기록했다.

> "내가 아버지께 구하겠으니 그가 또 다른 보혜사를 너희에게 주사 영원토록 너희와 함께 있게 하리니 그는 진리의 영이라." 요 14:16-17

이 구절에서 "또 다른"이라고 번역된 헬라어가 중요한데, 그것은 '알로스' allos 라는 단어로서 '같은 종류의 또 하나'란 의미이다. 한편 "또 다른"으로 번역될 수 있는 다른 헬라어 단어는 '헤테로스' heteros 인데, 이것은 '다른 종류의 또 하나'란 의미이다.

만약 티스푼 하나를 들고 누군가에게 '헤테로스'란 단어를 사용해 다른 스푼을 달라고 요청하면, 그 사람은 당신에게 식사용 스푼이나 나무 스푼을 가져다 줄 것이다. 그것은 또 다른 스푼이지만 종류가 다른 스푼인 것이다. 반대로 '알로스'라는 단어를 사용한다면, 당신이 가지고 있는 똑같은 티스푼을 받게 될 것이다. 이제 위의 구절의 중요성이 실감나는가? 즉, 성령의 정체성과 사역은 예수 그리스도와 동일하다는 것이다! 그리스도의 사역과 성령의 사역 간에는 그 어떤 불일치나 충돌 혹은 분쟁이 없다.

성경은 때때로 "우리 안에 계신 그리스도"와 "우리 안에 계신 성령님"이란 표현을 번갈아 사용한다. 이것은 우리를 혼란스럽게 만들기 위함이 아니다. 그리스도인의 삶 속에 두 가지 존재, 곧 각기 다른 정체성을 유지하며 각기 다른 역할을 수행하는 그리스도와 성령이 있음을 지시하기 위한 것도 아니다.

이러한 혼용은 우리 안에서 예수 그리스도의 삶을 살고 우리를 통해 예수 그리스도의 성품을 나타내는 것이 바로 성령님이심을 나타낸다. 성령의 존재와 사역은 전적으로 그리스도 중심이며 그리스도와 연관되어 있다. 우리의 영적 삶의 현실은 그리스도를 아는 지식에서 발견될 것이며, 영적 삶의 증거는 그리스도를 닮은 우리의 모습에서 발견될 것이다. 그러므로 혹시 성령의 활동에 집중하면서도 그리스도의 성품과는 거리가 먼 기독교가 있다면, 반드시 경계해야 한다. 곧 살펴보겠지만 성령님은 우리 주위의 사람들이 그리스도를 인식할 수 있도록 우리 안에서 그리스도의 성품을 창조하신다.

언젠가 나는 이런 이야기를 들은 적이 있다. 한 남자가 2-3년 뒤에 돌아오기로 하고서 애인을 남겨둔 채 해외로 떠났단다. 그는 그녀에게 매일 편지하기로 약속했고 신실하게 그 약속을 지켰다. 날마다 우편함에 편지를 써 넣었고 우편 배달부는 그 편지를 애인에게 전해 주었다. 그리고 마침내 그가 고국으로 돌아왔을 때, 그의 애인은 우편 배달부와 결혼한 상태였다! 그저 우스개 소리로만 생각되는가? 그러나 우리에게도 이런 일이 일어날 수 있다.

정혼한 신랑 곧 예수 그리스도가 아니라 전혀 엉뚱한 인물과 사랑에 빠지는 일이 생기는 것이다. 주 예수 그리스도가 승천하실 때 성령을 약속하시며 성령이 "나를 영화롭게 하리라"고 말씀하신 것을 기억하라. 제발 우편 배달부와 결혼하지 말라! 예수 그리스도의 계시자인 성령께서 당신의 마음속에 주를 향한 깊은 사랑을 주시며 당신의 인격 속에 예수님의 아름다움을 표현하실 수 있도록 하라.

성령의 증거들

그러면 어떻게 성령께서 우리 안에 살아 계심을 알 수 있겠는가? 결국 성령님이 하나님이시라면 그리고 죄를 깨닫고 회개하는 사람들의 삶 속에 들어오시도록 그분께 간구했다면, 성령께서 그 삶 속에 계시다는 증거가 있어야 한다. 그분은 우리 안에 살아 역사하시기 위해 오셨다. 요컨대 성령에 대한 우리의 믿음은 실제 삶 속에서 표현될 때에만 가치 있는 것이다. 우리는 성령에 대한 진리들을 성경대로 알고 믿어야 한다. 그러나 이것만으론 충분치가 않다. 진리를 믿는 데서 더 나아가 진리를 체험하는 삶을 살아야 한다.

이렇게 한번 생각해 보라. 내 손에 버스 시간표가 있다고 하자. 이 시간표는 매우 정확하다. 그러면 그것을 손에 쥐었다고 해서 내가 목적지까지 갈 수 있겠는가? 물론 그 시간표를 보고서 정보를 얻을 순 있다. 그러나 시간표에 적혀 있는 사실을 이루고자 한다면 정확한 시간에 버스에 올라타서 목적지로 향해야 한다. 버스에 타지 않는다면 아무리 정확한 시간표라도 소용이 없다.

그러나 오늘날에는 시간표를 쥔 것만으로 모든 게 해결됐다고 생각하는 사람들이 있는 것 같아 안타깝다. 예수 그리스도의 몸 된 교회라고 하는 곳에서 진리를 경험했느냐를 따지기에 앞서 그 지식을 잣대 삼아 정통이냐 아니냐를 판가름하려 한다는 사실이 안타까운 것이다. 물론 우리는 전적으로 확고하게 성경적인 계시에 기초해 있어야 한다. 성경에서 어떤 것도 더하거나 빼서는 안 된다. 그러나 이 성경의 진리들은 판단의 대상이 아니라 실제 삶 속에서 체험되고 이루어져야 하는 것들이다.

사도 바울이 3차 전도여행 중 에베소에 도착했을 때, 그는 "제자"라 불리는 몇몇 사람들을 만났다. 이때, 사도 바울은 그들에게 흥미로운 질문을 하나 했다. "너희가 믿을 때에 성령을 받았느냐"행 19:2. 이 질문에서 심오한 의미를 찾으려고 하지 말라. 왜냐하면 이것은 그 의도가 매우 분명한 직설적인 질문이기 때문이다.

요컨대 그는 "너희가 그리스도인이냐?"라고 물은 것이다. 만약 사도 바울이 "너희가 그리스도인이냐?"라고 질문했다면 그들은 그리스도인이 된다는 것이 어떤 의미인지 잘 모른 채 "그렇다"고 대답했을 것이다.

그러나 사도 바울의 질문은 그리 쉽게 답할 수 있는 것이 아니었다. 사도 바울은 교리적인 질문을 한 것이 아니라 개인적인 체험에 대해 물었기 때문이다. 다시 말해, "성령께서 찾아오셔서 당신 안에 살아 계심을 나타내는 증거가 있느냐?"라고 물은 것이다. 사도 바울은 그들이 자신들의 체험을 기초로 깨닫길 원했다. 그래서 후에 로마에 있는 성도들에게 보내는 편지에서도 그는 이렇게 썼다.

"성령이 친히 우리의 영과 더불어 우리가 하나님의 자녀인 것을 증언하시나니." 롬 8:16

더불어 성경에는 우리가 거듭났단 사실에 대한 객관적인 증거만 있는 것이 아니라, 매일의 삶에서 성령이 함께하신다는 주관적인 증거도 있다. 사도 요한은 "우리에게 주신 성령으로 말미암아 그가 우리 안에 거하시는 줄을 우리가 아느니라" 요일 3:24고 썼고, 잠시 후에는 "그의 성령을 우리에게 주시므로 우리가 그 안에 거하고 그가 우리 안에 거하시는 줄을 아느니라" 요일 4:13고 썼다. 즉 우리가 스스로 그리스도인이라고 생각하는 것은 우리 안에 성령이 계심을 알기 때문인 것이다.

나는 "만약 당신이 그리스도인이라면 당신 안에 성령님을 모시고 있어야 한다"는 소리를 여러 번 들었다. 이 말은 한편으로 진실이다. 그러나 나는 신약 성경이 그 순서를 반대로 말하고 있다고 생각한다. 즉 "당신이 성령님을 모시고 있다면 당신은 그리스도인임에 틀림없다"고 말해야 하는 것이다. 그리스도인이 됨으로써 성령 받을 권리를 부여받는 게 아니라, 성령을 내면에 모심으로써 그리스도인이 되는 권리를 부여받는 것이다.

그저 단순한 말장난 같은가? 그러나 이것은 중요한 문제다. 바울은 고린도 교인들에게 "너희는 믿음 안에 있는가 너희 자신을 시험하고 너희 자신을 확증하라 예수 그리스도께서 너희 안에 계신 줄을 너희가 스스로 알지 못하느냐 그렇지 않으면 너희는 버림받은 자니라"고후 13:5고 말했다.

이때 바울이 "너희가 믿음 안에 있는지 알아보기 위해 성경을 살펴보아라"고 하지 않고 "너희 자신을 시험하라"살펴보아라-역자 주고 했음에 주목하라. 물론 당시에는 사람들이 성경을 가지고 있지 않았다. 그렇다고 한들 원리는 동일하다. 우리는 우리의 삶 속에 성령께서 임재하시는 증거를 기대해야 한다.

그렇다면 성령의 임재하심을 나타내는 증거로서 무엇을 들 수 있겠는가? 지금껏 많은 종류의 증거들이 제기되어 왔는데, 여기서는 그리스도인의 삶에 나타나는 성령의 역사를 모두 포괄하는 세 가지를 제시하려고 한다. 물론 이것만으로 성령님의 사역을 모두 정리했다고 할 수는 없다. 다만 이를 참고한다면 성령님의 임재하시는 증거를 발견하기가 보다 수월해질 것이다.

1. 예수 그리스도를 알고자 하는 갈급함

성령의 임재를 나타내는 첫 번째 증거는 예수 그리스도를 알고자 하는 새로운 갈망이다. 성령님은 자신을 높이거나 영화롭게 하지 않으신다. 대신 그분은 그리스도를 높이며 영화롭게 하신다. 그리스도를 계시하시며고전 12:3, 그리스도께서 말씀하신 모든 것을 우리로 생각나게 하시고요 14:26, 그리스도에 대해 증거하시며요 15:26, 그리스도께 영광을 돌리시고요 16:14, 그리스도의 것을 가지고 우리에게 알리시는 것요 16:15 이 바로 성령의 사역이다. 그러므로 어느 사람의 삶 속에서 성령님이 역사하신다면, 가장 먼저 예수 그리스도가 매력적으로 보이기 시작할 것이다. 예수 그리스도가 더 이상 멀리 있거나 신화적인 존재로 여겨지는 것이 아니라 실재적인 존재로 여겨질 것이다.

그런데도 왜 그리스도인이라고 자처하는 많은 사람들이 때때로 그리스도에 대해 말하기를 수줍어하는 것일까? 그들은 교회에 대해 그리고 기독교 교리의 좋은 점들에 대해서는 기꺼이 말한다. 그러나 정작 그리스도에 대해 말하기는 꺼려하는 경향이 있다. 이와 관련하여 한 가지 일화를 소개할까 한다.

근래에 나는 어떤 교회에서 열리는 집회에 참석하기 위해 영국 남부 지방에 간 적이 있다. 한 가정이 열여덟 살 된 소녀를 그 집회에 데려왔는데, 그 애는 잠시 동안만 그 가정에서 지내던 중이었다. 소녀는 지금껏 한 번도 그런 집회에 참석해 복음을 접해 본 일이 없었다고 했다. 그 와중에 하나님이 그녀의 삶 속에서 역사하기 시작하셨고, 그녀는 성경책을 한 권 빌려 가서 온종일 읽었다. 집회 중에 그녀는 설교 내용을 모두 받아들였다. 그러던 중 한 가지 의문이 생겼다. 왜 아무도 예배 후에는 그리스도에 대해 말하기를 원치 않는 걸까? 소녀는 이 점을 이해하기가 매우 어렵다고 했다. 사람들은 앉아서 커피를 마시며 날씨 얘기, 휴가 얘기를 하거나 혹은 이번 집회에 사람들이 많이 와서 기쁘다는 얘기는 했다. 그런데 정작 그리스도에 대해 이야기하는 사람은 없었다는 것이다!

물론 그 교회에는 매우 뛰어난 사람들이 있었고, 대부분의 신자들은 매우 경건했다. 때문에 그녀의 말에는 교회의 일부분을 성급히 일반화시킨 면이 없지 않을 것이다. 하지만 이 말이 사실일 때도 많지 않은가? 혹시 그리스도에 대한 갈급함이나 그분을 더 깊이 알아가려는 열망이 없어 그런 것이라면 당신 속에 성령님이 계시지 않거나 소멸되었거나 탄식하고 계신 것이다.

사람들이 사랑에 빠지면 서로에 대해 알고자 하는 강한 열망이 나타난다. 서로 기꺼이 이야기하고 상대방의 말을 들어주며 가능한 많은 시간을 함께 보내려고 한다. 물론 상대방에게 드러내지 못할 부끄러움이나 억압이 있을 수 있으나, 적어도 상대방을 더 깊이 알고자 하는 강한 열망만큼은 지울 길이 없다.

주 예수 그리스도에 대한 사랑 역시 이와 동일하다. 어떤가, 당신은 주를 알고자 하는 강한 열망을 품고 있는가? 내면 깊은 곳으로부터 주 예수 그리스도를 더 많이 사랑하고픈 갈급함이 있는가? 한편 그리스도를 알고자 하는 열망은 성경을 읽고자 하는 열정으로 표현되기도 한다. 성경이야말로 그리스도에 대해 가장 잘 계시하고 있기 때문이다. 그런데 예수님은 한때 성경 공부의 무익함에 대해 말씀하신 적이 있다.

"너희가 성경에서 영생을 얻는 줄 생각하고 성경을 연구하거니와 이 성경이 곧 내게 대하여 증언하는 것이니라 그러나 너희가 영생을 얻기 위하여 내게 오기를 원하지 아니하는도다" 요 5:39-40.

이때 주께서 지적하신 무익한 성경 공부란 단지 지식을 쌓는 데 급급한 경우를 가리킨다. 예수님은 성경을 공부하는 목적이 그리스도를 발견하기 위함이며, 그 이유는 성경이 그리스도를 계시하는 책이기 때문이라고 말씀하셨다. 바로 이런 이유에서 성경을 매일 읽는 일이 유익한 것이다. 하루라도 성경을 읽지 않으면 버스에 치일 가능성이 높아지므로 성경을 읽는 것이 아니라, 성경이 그리스도를 계시해 주며 그를 알고자 하는 갈급함을 충족시키기에 읽는 것이다.

뒤집어 생각하면, 그리스도를 실재적인 존재로 여기지 않는 사람에게 성경은 그야말로 지루한 책이다. 성경은 오직 예수 그리스도의 빛 아래서만 의미를 가진다. 그리스도를 진정으로 알게 될 때, 성경은 새로운 책으로 다가올 것이다. 주 예수 그리스도에 대한 사랑은 당신을 그분의 말씀으로 인도하며, 기록된 말씀을 통해 살아 있는 말씀이신 예수 그리스도를 만날 수 있게 한다. 때때로 성령의 역사가 성경에 대한 열정을 사라지게 했다고 주장하는 사람들이 있는데, 그들의 주장은 순전히 억측에 불과하다.

2. 예수 그리스도를 닮고자 하는 갈급함

성령이 우리 안에 오시면 그리스도를 알고자 하는 갈급함뿐 아니라 그리스도를 닮고자 하는 갈급함을 갖게 된다. 바울은 그리스도인의 삶 속에 나타날 "성령의 열매"에 대해 말하고 있다. 이때 "열매"란 그리스도인의 삶 속에 성령이 임재하심으로 반드시 나타나는 결과들을 가리킨다.

> "오직 성령의 열매는 사랑과 희락과 화평과 오래 참음과 자비와 양선과 충성과 온유와 절제니" 갈 5:22-23.

이 구절을 보면 열매의 목록이 단수로 묶여 있음을 알 수 있다. "성령의 열매는…"이라고 했지 "성령의 열매들은…"이라고는 하지 않은 것이다. 아홉 가지 다른 열매들이 있어 어떤 것은 이 사람에게 맺히고 다른 것은 저 사람에게 맺히는 것이 아니다. 아홉 가지 성품 모두가 함께 맺혀 우리 삶 속에서 성령의 사역을 표현한다고 성경은 말씀한다.

이 성령의 열매들은 한 단어로 압축할 수 있는데, 그것이 곧 "인격"이다. 보다 구체적으로 말해, 그것은 그리스도의 인격이다. 그리스도의 삶 속에서 이 열매를 완벽하게 산출하신 분이 성령님이며, 바로 그 성령님이 우리의 삶 속에서도 동일한 인격을 나타내기 원하신다. 사탄이 성령의 은사를 흉내 낼 수는 있을지언정 성령의 열매는 흉내 낼 수 없는 이유가 바로 여기에 있다. 즉 성령의 열매란 하나님의 성품의 표현으로, 사탄은 그것을 증오하는 것이다.

한편 성령에 의해 변화된 인격은 크게 다음 세 가지 방식으로 나타난다. 사람들에 대한 태도 변화와 환경에 대한 태도 변화, 그리고 자기 자신에 대한 태도 변화가 그것이다.

(1) 사람들에 대한 태도 변화

성령의 첫 번째 열매는 "사랑"이다. 그리고 "자비와 양선과 충성" 및 "온유"도 차차 나타나게 된다.

사랑이야말로 그리스도인임의 증거라고 예수님은 말씀하셨다. "너희가 서로 사랑하면 이로써 모든 사람이 너희가 내 제자인 줄 알리라" 요 13:35. 예수님이 이렇게 말씀하신 이유는 분명하다. 바로 "하나님이 사랑"이시기 때문이며 사랑의 나타남은 하나님의 성품이 회복됨을 의미하기 때문이다 요 2:5. 우리는 이미 이 책 초반에서 하나님의 형상을 회복하는 것이 구원의 목적임을 살펴보았다.

신약 성경에는 "사랑"에 해당하는 단어가 두 가지 나온다. 그중 이 말씀에서 사용된 단어는 '아가페' agape다. 이 단어는 감정적이기보다는 의지적인 사랑을 가리킨다. 다시 말해 누군가를 향한 단순한 감정만을 말하는 게 아니라 그 사람을 향한 마음과 의지의 상태를 나타내는 것이다.

이 점은 빌립보서에도 잘 나타나 있다. "아무 일에든지 다툼이나 허영으로 하지 말고 오직 겸손한 마음으로 각각 자기보다 남을 낫게 여기고 각각 자기 일을 돌볼뿐더러 또한 각각 다른 사람들의 일을 돌보아"빌 2:3-4.

혹시 자기보다 남을 낫게 여기라는 이 말씀이 자신을 남보다 선하지 않은 존재로 여기라는 말씀처럼 들리는가? 하지만 절대 그런 뜻은 아니다. 새 미국 표준성경NASV은 이를 다음과 같이 번역함으로써 우리의 이해를 돕는다. "그러나 겸손하게 서로를 자기 자신보다 더 중요한 존재로 여기라." 다른 사람들을 자신보다 더 중요하게 여기는 것, 이것이 바로 '아가페'의 본질이다.

당신이 누군가로부터 사랑받고 있다는 증거는 그에게서 당신이 중요한 존재라고 느껴지기 때문일 것이다. 마찬가지로 우리 삶 속에 성령께서 역사하시면 주변 사람들이 소중한 존재가 되고, 그들을 향한 우리의 태도가 전반적으로 새로워진다. 사랑은 좋아하는 사람들을 향한 감정 그 이상이다. 대부분의 사람들이 좋아하는 사람들과는 성령의 도우심 없이도 잘 지낸다. 그러나 사람을 통해 역사하시는 하나님의 사랑은 그런 것보다 훨씬 더 깊다. 그래서 심지어 우리가 좋아하지 않거나 좋은 관계를 유지하기 힘든 사람들에게조차도 "내가 그들과 관계를 맺는 순간에 그들은 나 자신보다도 더 중요한 존재가 되는 것"이라고 고백해야 한다.

아직도 이 말들이 모호하게 느껴진다면, 좀더 실제적인 예를 들어 설명해 보겠다. 언젠가 나는 오스트리아에서 2주간의 집회를 인도한 적이 있었는데, 거기엔 영국 사람들이 많이 와 있었다. 그중 한 사람이 자기 교회 청년들 사이에서 있었던 하나님의 놀라운 역사에 대해 내게 말해 주었다. 청년들이 어떻게 진정한 사랑으로 하나 될 수 있었는지에 관한 이야기였다. 그 이야기가 은혜롭게 느껴졌기에, 나는 아침 강의 시간에 그에게 몇 분 동안 간증해 달라고 요청했다. 그리함으로써 나는 우리 모두가 은혜를 받을 줄로만 생각했다.

그런데 그가 간증하는 동안, 나는 차차 무언가 이상하다는 생각을 하게 되었다. 그는 자기 교회 청년들에 대해서만 말하고, 더 나이 많은 사람들에 대해서는 전혀 언급하지 않았던 것이다. 그래서 같은 날 그를 다시 만났을 때, 혹시 그 교회에 더 연장자들은 없는지 물었다. 그는 빙그레 웃더니 이렇게 대답했다. "아! 그건 또 다른 이야기죠. 우리 교회에서 젊은이들과 나이 든 사람들 간에 별 유대가 없거든요. 주일 오전 예배 말고는 항상 따로 모임을 가지니까요."

이 말에, 나는 다음과 같이 말해 주었다. "성도님이 간증하실 때 성령께서 교회 젊은이들에게 서로를 극진히 사랑하도록 만드셨다고 말씀하셨죠? 제 생각엔 그 일을 성령의 역사로 돌리는 게 잘못인 것 같네요."

비슷한 외모와 비슷한 환경, 그리고 비슷한 경험을 가진 젊은이들이 서로 사랑하는 것은 굳이 성령의 역사가 아니어도 가능하다. 그런 것은 자연스레 일어날 수 있는 일이다. 더불어 나이 든 사람들이 자기들끼리만 어울리는 일에도 성령의 역사가 꼭 필요한 것은 아니다. 성령께서 역사하시는 사랑이라면, 비록 나이 든 사람들이 젊은이들을 잘 이해하지 못하고 그래서 그들과 함께 있으면 불편하더라도 자신들의 편리를 추구하기보다는 함께 있음이 더 중요하다고 말할 것이다. 서로 사랑하고 각 존재를 인정하며 서로 격려하고 배우며 상대방을 먼저 세워 주고자 할 것이다.

자신이 사랑하는 사람만을 사랑하려는 것을 예수님은 '이방인의 사랑' 이라 표현하셨다. "너희가 너희를 사랑하는 자를 사랑하면 무슨 상이 있으리요 세리도 이같이 아니하느냐 또 너희가 너희 형제에게만 문안하면 남보다 더하는 것이 무엇이냐 이방인들도 이같이 아니하느냐" 마 5:46-47. 앞서 그 영국인이 자기 교회 젊은이들 사이에 존재한다고 말한 사랑은 바로 이 '이방인의 사랑' 일 뿐이다. 그것은 뒷골목 술집에서 발견할 수 있는 그런 사랑과 크게 다르지 않다.

우리의 삶 속에 나타나는 하나님의 사랑은, 이미 특정한 사람들에 대해 품고 있는 사랑을 더욱 강화시킴으로써 그룹 간에 형성되어 있는 분열을 한층 더 가속화하는 그런 사랑이 아니다. 오히려 하나님의 사랑은 그런 자연적인 장벽들을 깨뜨린다. 단, 내 말을 오해하지 않기 바란다. 나는 사랑이 우리 사이의 모든 차이점들을 제거한다고 말하고 있는 것이 아니다. 그런 차이점들을 직면하고 잘 처리하는 일이 사랑할 때 비로소 가능해진다고 말하고 있는 것이다.

사람들 사이의 차이점을 희생하면서 하는 사랑은 참다운 사랑이 아니다. 사랑의 일체감을 위해 중요한 차이점들을 묻어 둔다 해도 언젠가는 수면 위로 부상해 마찰을 일으킬 것이다. 사랑한다면 이 차이점들을 정직하게 그리고 편안한 마음으로 직면할 수 있어야 한다. 물론 서로 간의 분리가 불가피할 때도 있을 것이다. 그러나 그것이 비성경적일까 두려워하진 말라. 사도행전 15장에 나오는 바울과 바나바 사이의 불일치를 기억하는가? 이때, 이 둘은 상대에 대한 불일치가 너무 심했던 나머지 최선의 해결책으로 피차 갈라서는 길을 택했다.

다만, 다른 생각과 원칙으로 인해 불일치와 분리가 초래되는 상황에서도 상대방은 여전히 우리의 사랑의 대상이 되어야 하고 우리 자신보다도 더 중요한 존재로 여겨져야 한다. 물론 그러기는 쉽지 않을 것이다. 그런 일은 성령의 역사하심을 필요로 한다. 바로 그것이 성령께서 이루고자 하시는 일이다.

성경에 나오는 사랑에 대한 고전적인 정의는 바울이 쓴 고린도전서 13장에서 찾아볼 수 있다. 그중 한 부분을 인용하면 다음과 같다.

"사랑은 오래 참고 사랑은 온유하며 시기하지 아니하며 사랑은 자랑하지 아니하며 교만하지 아니하며 무례히 행하지 아니하며 자기의 유익을 구하지 아니하며 성내지 아니하며 악한 것을 생각하지 아니하며 불의를 기뻐하지 아니하며 진리와 함께 기뻐하고 모든 것을 참으며 모든 것을 믿으며 모든 것을 바라며 모든 것을 견디느니라 사랑은 언제까지나 떨어지지 아니하되" 고전 13:4-8.

여기서 사랑이라는 말 대신에 예수 그리스도를 집어넣어 다시 읽어 보라. 그러면 의미가 완벽하게 통함을 알게 될 것이다. 예수 그리스도야말로 완벽한 사랑이시다! 왜냐하면 하나님이 바로 사랑이시기 때문이다. 사랑은 또한 우리의 삶 속에서 역사하시는 성령님의 목적이기도 하다.

다소 수줍을지 모르나, 이번엔 "사랑"이라는 말 대신에 당신의 이름을 집어넣어 읽어 보라. 읽으면서 느끼는 어색함의 정도를 감지하라. 이 느낌은 우리가 얼마나 정직한지, 또 앞으로 얼마나 성장해야 하는지를 체험케 할 것이다.

언젠가 우리가 그리스도의 형상을 완전히 회복하는 날이 오겠지만, 이 세상에 살아 있는 동안에는 완전해질 수 없을 것이다. 한편으로 그것은 우리의 목표이다. 부디 그리스도를 닮고자 하는 마음이 성령께서 역사하고 계시다는 증거임을 기억하라.

(2) 환경에 대한 태도의 변화

바울이 성령의 열매로서 열거한 자질 중에는 "희락"과 "화평" 그리고 "오래 참음"이 있다. 우리는 자신의 기쁨을 빼앗고 마음의 평안을 흔들며, 참을성을 소진시키는 여러 어려움들에 취약하다. 그런데 성령께서는 바로 이런 문제들에 대해 전혀 새로운 태도와 관점을 갖도록 하신다. 그리스도인은 어떤 사람들이 생각하듯 고난에서 완전히 제외된 자들이 아니다. 그리스도인은 고난에 직면하여 극복할 수 있는 힘을 부여받은 자들이다.

먼저, 희락에 관해 살펴보자. 희락은 행복과는 다른 개념이다. 행복은 환경에 의해 결정되는 편안한 감정이다. 예컨대 화창한 날, 한 손에 큰 아이스크림을 들고 해변에서 사랑하는 사람과 함께 걷고 있다고 상상해 보자. 아마도 당신은 자신이 행복하다고 생각할 것이다. 그러나 잠시 후 검은 구름이 몰려오더니 굵은 빗줄기를 퍼붓기 시작하고, 사랑하는 사람이 일어나 훌쩍 떠나 버린다면 어떨까? 들고 있던 아이스크림이 땅에 떨어지고 파도가 밀려와 당신의 옷을 휩쓸고 가 버릴 때도 당신은 행복하다고 느낄 수 있을까? 요컨대 행복은 좋은 환경과 관련되어 있으며, 따라서 표면적이고 피상적인 것이다.

그러나 희락은 이보다 훨씬 심오하다. 그것은 환경 너머를 바라보시는 하나님에 대한 확신에서 비롯된다. 바울은 빌립보서를 쓸 당시 로마의 감옥에 갇혀 있었다. 그가 묘사한 것에 따르면 바울은 쇠사슬에 매여 있었고, 감옥에 있는 동안 자신을 괴롭히는 사람들이 있었다. 또한 그는 그리스도의 십자가 원수들에 대해 언급하면서 굵은 눈물을 흘렸다빌 3:18-역자 주.

그런데 같은 서신에서 그가 다음과 같이 말한 것에 주목하라. "주 안에서 항상 기뻐하라 내가 다시 말하노니 기뻐하라"빌 4:4. 바울이 이런 말을 할 수 있었던 것은 그가 고통을 즐기는 취향을 갖고 있었기 때문이 아니라, 고난 너머를 바라보며 하나님의 선하심과 역사하심 안에서 기뻐했기 때문이다. 한편 느헤미야 시대에도 상황이 어려웠지만 느헤미야는 "여호와로 인하여 기뻐하는 것이 너희의 힘이니라"느 8:10고 이야기한다.

이제는 화평평화, 평강과 같은 말-역자 주에 대해 논할 차례다. 이때, 화평은 평온과는 다른 개념이다. 이에 대해서는 다음의 일화를 통해 보다 쉽게 이해할 수 있을 것이다. 어느 미술 경시대회에서의 일이다. 대회에서 정해준 제목이 "평화"였는데, 그 대회에서 우수상을 수상한 작품은 잉글랜드 서북부에 있는 호수 지방Lake District : 호수가 많은 산악지대-역자 주을 그린 그림이었다. 눈앞에는 잔잔한 호수가 있고 등 뒤에는 언덕이 있는데, 잘 정돈된 침엽수들이 무성하게 덮여 있었다. 게다가 호수 가장자리까지 나무들이 있어 그 그림자가 호수 면에 마치 거울처럼 비치고 있었다. 하늘에는 흰 구름이 한두 점 떠 있고, 호수 위에는 오리가 새끼 오리들을 데리고 유유히 떠다니고 있었는데 참으로 평온함이 느껴지는 그림이었다.

그러나 최우수상을 차지한 작품은 따로 있었다. 우레를 동반한 폭우를 그린 그림으로, 그림 왼편으로 바위투성이 절벽이 깎아놓은 듯 서 있고 파도가 맹렬히 그 절벽에 와서 부딪혔다. 절벽 정상에는 바다로부터 불어오는 엄청난 강풍으로 인해 약 45도 정도 기울어진 한 그루의 나무가 서 있었다. 하늘은 먹구름으로 덮여 있고, 비가 억수같이 쏟아지며, 번개가 그림 오른편 위쪽에서 내려치고 있었다. 그런데 절벽의 3분의 2 지점에 갈라진 틈 사이로 새 둥지 하나가 있고, 그 둥지 안에 눈을 감고 앉아 있는 갈매기가 그려져 있었다. 이 그림의 제목 역시 "평화"였고, 이것이 1등을 차지한 것이다.

하나님의 평화는 우리가 어려움에서 빨리 벗어나는 데 있는 것이 아니라, 그 어려움 속에서 경험되는 것이다. 하나님의 평화를 경험한 사람은 "바다에 큰 놀이 일어나 배가 물결에 덮이게"마 8:24 되었을 때 배 안에서 주무시던 예수님과 같은 평온함을 느낀다. 엄청난 폭풍이 불어 닥쳤다. 파도가 배를 덮었다. 모두가 공포에 사로잡혔다. 그러나 예수님은 주무시고 계셨다. 제자들이 곧 예수님을 깨우며 그분의 무책임함을 책망했으나, 예수님은 자신이 자연 환경보다 더 큰 손안에 있음을 알고 계셨기에 제자들의 믿음 없음을 꾸짖으셨다.

바울은 빌립보 성도들에게 "아무것도 염려하지 말고 다만 모든 일에 기도와 간구로, 너희 구할 것을 감사함으로 하나님께 아뢰라 그리하면 모든 지각에 뛰어난 하나님의 평강이 그리스도 예수 안에서 너희 마음과 생각을 지키시리라"빌 4:6-7고 썼다. 바울은 염려하는 것이 당연할 때가 있다는 것을 인정했다. 그러나 그럴 때조차 무작정 염려하는 대신 문제를 하나님께로 가져가야 한다고 말한다. 그분을 신뢰하기만 한다면 더 이상 걱정할 필요가 없다. 그분이 모든 상황을 해결하실 것이기 때문이다. 부디 하나님의 평강이 "모든 지각에 뛰어난 평강"임을 기억하라. 이것은 말이나 행동으로써 이해할 수 없는 평강이다. 하나님은 우리를 문제에서 도피시키시는 분이 아니라, 문제 한가운데서 그분의 능력을 입증해 보이시는 분이다.

마지막으로, "오래 참음"에 대해 살펴보자. 오래 참음은 평화와 매우 밀접한 관계에 있다. 현재 일어나고 있는 일에 몰입해 한곳만 보게 되면 우리의 평화는 위협받게 된다. 그런데 시야를 넓혀 멀리 보게 되면 사물을 여러 각도에서 바라볼 수 있다. 이처럼 우리로 하여금 현재 너머를 보고 기다릴 수 있게 하는 것이 곧 오래 참음이다. 이때 흥미로운 점은 우리에게 오래 참음을 가르쳐 주는 것이 바로 고난이라는 것이다. 바울은 "환난은 인내를 …이루는 줄 앎이로다" 롬 5:3-4 라고 썼다.

이와 관련해 한 유명 설교자의 일화를 전할까 한다. 언젠가 그는 어떤 성도로부터 기도 요청을 받았다. 그 성도는 참음으로 인내가 요구되는 상황에 처해 있었는데, 더 이상은 인내할 힘이 없다고 고백했다. 이에 설교자는 성도와 함께 무릎을 꿇은 채 기도하기 시작했다. 설교자는 성도의 삶에 고난의 시간을 허락하셔서 그가 한 번도 경험하지 못한 환난을 통과하게 해달라고 기도했다. 그런데 기도를 채 마치기도

전에 성도가 벌떡 일어나더니 설교자의 어깨를 잡고 소리쳤다. "그만 둬요! 환난은 지금까지 받은 걸로 족해요!" 그러자 설교자는 환난이 인내를 이루므로, 인내할 힘을 얻을 유일한 길은 환난을 통과하는 것뿐이라고 말해 주었다.

많은 경우 환난은 우리의 가장 친한 친구이다. 환난이 우리를 가르치고 우릴 위해 일하기 때문이다. 부디 환경에 대한 새로운 태도를 드러냄으로써 우리 삶 속에 성령님이 임재하고 계심을 나타내길 바란다. 기쁨과 평강 그리고 오래 참음의 태도를 지닐 수 있게 기도하라.

(3) 자기 자신에 대한 태도의 변화

성령의 임재하심으로 말미암은 열매는 또한 "자기 제어"로 나타난다. 성경은 우리가 성령의 제어 아래 들어가게 된다고 말하지 않고, 성령께서 우리로 하여금 스스로를 제어할 수 있도록 만드신다고 말한다. 지금까지는 성령에 의해 제어된다는 생각이 일반적이었으나, 엄격히 말해 그것은 성경적이지 않다. 새 국제역NIV에서는 한두 군데서 "성령 안에서"라는 표현을 "성령에 의해 제어 받는"으로 번역하고 있다. 내가 보기에 여기엔 다소 오해의 여지가 있다. 성령은 우리로 하여금 무엇을 하도록 만든다는 의미에서 우리를 제어하시는 분이 아니다. 그분은 우리가 스스로를 제어할 수 있도록 만드신다.

사실 우리 안에는 자기를 제어하려는 것들이 많이 있다. 우리의 습관, 탐욕, 이기심, 자만이 바로 그것이다. 이것들은 우리에게 어떤 유형의 행동을 강요하지만, 성령은 무엇을 하라고 강요하시는 법이 없다. 이것이 곧 진정한 의미의 자유다. 이와 관련하여 솔로몬은 "자기의 마음을 제어하지 아니하는 자는 성읍이 무너지고 성벽이 없는 것과 같으니라" 잠 25:28고 썼다.

지금까지 성령의 열매에 관해 간략히 살펴보았다. 물론 성령의 열매 중 어느 하나도 저절로 주어지진 않는다. 성령께서는 열망을 이끌어내시고 우리로 하여금 할 수 있게 만드신다. 그러나 성령의 열매를 단지 바라기만 해서는 일이 해결되지 않는다. 우리는 또한 삶의 모든 영역에서 훈련 받아야 할 필요가 있다. 베드로는 "그의 신기한 능력으로 생명과 경건에 속한 모든 것을 우리에게 주셨으니 이는 자기의 영광과 덕으로써 우리를 부르신 이를 앎으로 말미암음이라 …그러므로 너희가 더욱 힘써 너희 믿음에 덕을, 덕에 지식을, 지식에 절제를, 절제에 인내를, 인내에 경건을, 경건에 형제 우애를, 형제 우애에 사랑을 더하라" 벧후 1:3-7고 말한다. 이 말씀에서 그는 우리가 그리스도 안에서 생명과 경건에 속한 모든 것을 소유하고 있다고 전제한 뒤, 그 모든 자질들을 삶 속에 더 많이 나타내도록 끊임없이 노력해야 한다고 강조한다. 그리고 바로 이런 이유에서 성령께서는 예수 그리스도를 닮고자 하는 갈급함을 우리 속에 창조하시는 것이다.

문장을 맺기 전에 마지막으로 말을 더하고자 한다. 방금 우리는 성령의 꽃이 아니라 성령의 열매를 살펴보았다. 꽃과 열매는 분명 다른 것이다. 꽃은 장식하기 위한 것으로, 보기에 좋을 뿐 아니라 주변 분위기를 살려 준다. 그러나 열매는 소비하기 위한 것이다. 이 말이 무슨 의미인지 알겠는가? 지금 우리는 그리스도인들을 외관상 보기 좋게 만드는 자질들이 아니라, 다른 이들의 필요를 채워 줄 수 있는 자질들에 관해 말하고 있는 것이다.

살면서 우리는 사랑에 굶주린 사람들을 만나게 될 것이며, 그들에겐 우리 사랑의 열매를 따먹을 권리가 있다. 부디 이 갈급한 사람들에게 우리가 가진 삶의 혜택을 나누어 주라. 어찌할 수 없는 문제로 인해 실망하고 두려워하는 이들에게 우리의 견고함과 자기 제어 능력을 의지할 지팡이로 건네주라. 성령은 다른 사람들이 우리에게 찾아와 열매를 따먹게 하시고자 우리 속에서 열매를 맺게 하신다.

어떤가, 당신은 다른 이들이 당신의 열매를 따먹도록 할 마음이 있는가? 성령님이 역사하시는 세 번째 증거가 바로 이 섬김과 관련된다.

3. 예수 그리스도를 섬기고자 하는 갈급함

성령은 우리를 통해 흐르시고자 우리에게 찾아오신다. 예수님은 초막절 끝 날에 예루살렘에서, "누구든지 목마르거든 내게로 와서 마시라 나를 믿는 자는 성경에 이름과 같이 그 배에서 생수의 강이 흘러나오리라"고 말씀하셨다. 한편 사도 요한은 계속해서 "이는 그를 믿는 자들이 받을 성령을 가리켜 말씀하신 것이라" 요 7:37-39고 증거한다.

성령은 물이 컵 속에 부어지듯 우리의 삶 속에 부어지는 것이 아니다. 그보다는 물이 파이프 속에 부어지는 것에 더 가깝다. 컵에 물이 가득 차면, 그냥 차 있을 뿐이다. 그러나 무엇이든 파이프 속에 부어지면, 그것은 파이프를 통해 흐르게 된다. 이것이 바로 우리 삶의 모습이다. 성령이 임재하시면 우리는 하나님의 축복과 부요함을 다른 이에게 전달하는 통로가 되고자 할 것이다. 자기 자신을 먼저 내세우는 것은 그리스도인의 삶과 관계 없으며 성령의 사역과도 관계가 없다.

예수님이 승천하신 직후 성령이 임하시면 권능을 주시겠다고 제자들에게 약속하셨을 때, 그 권능은 증거하는 권능이었다.

"오직 성령이 너희에게 임하시면 너희가 권능을 받고 예루살렘과 온 유대와 사마리아와 땅 끝까지 이르러 내 증인이 되리라" 행 1:8.

이 약속은 제자들 각자의 유익을 위해 주어진 것이 아니라, 하나님을 섬기고 온 세계에 그리스도를 증거하는 도구가 될 수 있게 하고자 주어진 것이다. 따라서 하나님의 영이 당신 안에 있다면 섬김에 대한 새로운 갈망을 갖게 될 것이다. 물론 당신이 그 영을 소멸시키지 않는다는 가정 하에서 말이다.

신약 성경이 교회에 주어지는 성령의 은사들에 대해 언급하는 까닭 역시 바로 여기에 있다. 총 22개의 능력들을 신약 성경은 "은사"라고 표현한다. 이때, 모든 은사들이 다 허락된 것은 아니었다. 한 교회에 허락된 은사는 최대한 11개언급된 은사들 가운데 정확히 반수였다. 이 은사들이 고린도전서에 나온다. 또 고린도전서에서 언급되지는 않았지만 동일하게 성령의 은사로 볼 수 있는 다른 능력들도 있다. 신약 성경에는 찬양의 은사, 곡을 쓰는 은사, 혹은 상담의 은사에 대해서는 전혀 언급이 없으나 우리는 이런 능력들도 교회를 세우고 성장시키는 데 유용한 은사로 인정한다.

그런데 보다 중요한 것은 신령한 은사가 무엇이냐 하는 것이 아니라 신령한 은사가 무엇을 위해 존재하느냐 하는 점이다. 이때 은사는 우리로 하여금 주 예수 그리스도를 잘 섬기는 자들이 되게 하는 도구로서 주어진다. 베드로는 "각각 은사를 받은 대로 하나님의 여러 가지 은혜를 맡은 선한 청지기같이 서로 봉사하라"벧전 4:10고 말했으며, 바울은 "각 사람에게 성령을 나타내심은 유익하게 하려 하심이라"고전 12:7고 기록했다.

다시 말해 은사는 자기만족이나 개인적인 유익을 위해 주어진 것이 아니라 예수 그리스도의 교회를 세우기 위한 도구다. 이런 관점에서 볼 때 은사 중심적이 되는 것은 분명 잘못이다. 그보다는 섬김이 중심이 되어야 한다. 그래서 "당신의 은사는 무엇입니까?"라고 묻기보다는 "당신은 주 예수 그리스도를 섬기기 위해 무엇을 합니까?"라고 질문해야 하는 것이다.

내 경우에는 한 번도 내 은사가 무엇인지 분석해 보지 않았다. 단지 내가 있는 곳에서 잘 섬기며 하나님께서 내게 맡기신 일을 하고자 노력할 뿐이다. 그래서 그런지 사람들이 어떻게 해야 자신들의 은사를 발견할 수 있는지를 물어 오면 마음이 불편해진다. 그보다는 어디서 어떻게 하나님을 섬길 수 있는지를 물어봐 주었으면 좋겠다. 우리가 하나님을 바쁘게 섬기다 보면 자연히 자기 은사를 알 수 있게 되기 때문이다. 바울이 고린도 교인들에게 "신령한 것들을 사모하되"고전 14:1 라고 촉구할 때 그는 바로 이런 사고를 갖고 있었던 것으로 보인다. 일할 것이 있고, 하나님이 우리 각자에게 그 일을 이루기 위한 다양한 능력들을 주셨으니, 하나님의 계획에 동참하여 그 일을 하려는 간절한 마음을 품어야 한다는 뜻이다.

  비록 각자 맡은 일은 다르지만, 모두가 예수 그리스도를 섬기려는 동일한 목적을 품고 있다는 사실을 기억하라. 진공청소기를 갖고 일하는 사람들이 손걸레로 일하는 사람들보다 더 중요한 일을 하는 것이 아니다. 그들은 모두 '청소'라는 목적을 이루기 위해 필요한 역할들을 수행하고 있을 뿐이다. 하나님으로부터 해야 할 일을 부여받았다는 것은 당신에게 주어진 특권이다.

  당신의 삶 속에는 성령님이 임재해 계신가? 당신 안에 하나님을 섬기려는 소망이 자리하는가? 무슨 일이든 오직 하나님의 힘으로만 할 수 있음을 확신하는가? 비록 남이 알아주지 않더라도 주 예수 그리스도를 섬기며 그분을 기쁘시게 할 여러 일들을 이루려는 열망이 있는가? 만약 당신에게 성령이 임하셨다면, 성령의 하시는 일들은 그리스도 중심이므로 다음 세 가지 갈망을 갖게 될 것이다. 즉 예수 그리스도를 알고자 하는 갈망, 예수 그리스도를 닮고자 하는 갈망, 그리고 예수 그리스도를 섬기고자 하는 갈망이 그러하다. 뿐만 아니라 그런 갈망들과 더불어 그 일을 행할 능력도 갖춰질 것이다.

마지막으로, 앞서 언급한 내용인 '예수님을 알고, 닮으며, 섬기려는 자세'를 설명하기 위해 사용한 '갈망'이란 단어가 매우 조심스럽게 선택되었음을 알려 둔다. 어떤 것을 갈망한다는 것은 그를 필요로 하고 원한다는 의미이다. 갈망은 만족하는 마음이 아니라, 어떤 것을 간절히 사모하는 것이다. 그리고 예수님은 이 단어를 "의에 주리고영어로는 'hunger' 로서 '갈망하다' 와 같은 단어임-역자 주 목마른 자는 복이 있나니"마 5:6라고 말씀하실 때 사용하셨다.

위의 말씀을 한 번 찬찬히 살펴보라. 예수님은 "의로운 자는 복이 있다"라고 말씀하신 것이 아니라, "의에 주리고 목마른 자는 복이 있다"라고 말씀하셨다. 즉, 주님은 "의에 주리고 목마른 자들"이 만족을 얻게 되리라고 약속하신 것이다. 성령께서 우리를 예수 그리스도의 인격과 관심사로 더 깊이 인도하실 때, 주가 어떤 분인지 알고 그분께 사명을 받음으로써 우리의 만족감이 점점 더 커질 것이다. 바로 이 체험이야말로 우리 안에 성령님이 계신 확실한 증거가 아니겠는가.

Chapter 8.
성령 충만을 받음

성령의 내주하심은 모든 그리스도인의 특권이다. 그러나 성령의 충만함을 받는 것은 이와는 별개의 문제다. 바울은 에베소의 그리스도인들에게 다음과 같이 명령한다. "술 취하지 말라 이는 방탕한 것이니 오직 성령으로 충만함을 받으라" 엡 5:18. 이때 바울은 어떤 의미로 이 말을 한 것일까?

성령의 충만을 받는다는 말은 신약 성경 전체를 통틀어 총 14번 등장한다. 누가복음에서 4번, 사도행전에서 9번, 그리고 에베소서에서 1번 해서 총 14번이다. 이때 누가복음에서는 세례 요한1:15과 그의 어머니 엘리사벳1:41, 그의 아버지 사가랴1:67 그리고 요단강에서 세례 받으신 예수님4:1에게 성령 충만이 임했다. 이 경우는 모두 오순절 이전의 일들로, 모든 사람들 위에 성령이 임한 오순절행 2:17과 그 이후의 사건들과는 다른 범주의 성령 충만이라 하겠다.

오순절 전에는 성령께서 주로 어떤 일을 이루시기 위해 임하셨으며, 오순절 이후의 경우에서처럼 하나님과의 교제에 대한 보증으로서 사람들 안에 내재하지는 않으셨다. 예수님은 제자들에게 성령에 대해 이렇게 말씀하셨다. "그는 너희와 함께 거하심이요 또 너희 속에 계시겠음이라" 요 14:17. 여기에 나오는 "너희 속에 계심"이 곧 오순절에 일어난 변화이다.

한편 오순절 이후에는 "성령의 충만을 받는다"는 말이 총 10가지 상황에서 언급된다. 그렇다면 이때 성령 충만은 어떤 의미인지를 살필 필요가 있다. 그러나 이를 다루기에 앞서, 먼저 성경 구절들을 들여다보고 역사적 문맥 속에서 그 의미를 이해해야 한다. 먼저 네 가지 문맥을 살펴보자.

성령 충만의 의미

1. 성령 충만은 성령을 받을 때 일부 사람들에게 일어난 현상을 말한다

이 말은 오순절 날 성령을 기다렸던 사람들에게 해당된다. "그들이 다 성령의 충만함을 받고 성령이 말하게 하심을 따라 다른 언어들로 말하기를 시작하니라" 행 2:4. 그전까지는 성령님이 그들과 함께 계셨지만, 이제는 성령이 그들 안에 거하시기 위해 오셨다. 부활하신 예수님은 제자들에게 숨을 내쉬며 "성령을 받으라" 요 20:22고 말씀하셨는데,

이것은 오순절 사건을 예고하는 상징적 행동이었다. 후에 예수님은 "예루살렘을 떠나지 말고 내게서 들은 바 아버지께서 약속하신 것을 기다리라" 행 1:4고 말씀하시는데, 여기서 "아버지께서 약속하신 것"이 바로 성령의 은사와 오순절 역사를 가리킨다. 오순절이 되자, 그들은 하나님이 약속하신 성령을 받았고 또한 성령으로 충만해졌다.

다소 사람 사울은 다마스커스로 가는 길에 부활하신 그리스도를 만났다. 그러나 3일 후 아나니아가 찾아오기 전까지 사울은 성령으로 거듭난 상태가 아니었다. 3일 동안 그는 앞을 보지 못했으며 아무것도 먹거나 마시지 못했는데, 이것은 그의 삶에 들어오신 성령께서 그를 책망하셨음을 상징한다고 볼 수 있다.

그 후에야 하나님은 사울에게 아나니아를 보내셔서, "주의 이름을 불러 세례를 받고 너의 죄를 씻으라" 행 22:16고 지시해 주셨다. 분명한 사실은 사울의 죄가 아직 씻음 받지 못했다는 것이다. 주의 지시와 함께 온 아나니아는 하나님께서 사울로 하여금 "다시 보게 하시고 성령으로 충만하게" 행 9:17 하시고자 자신을 보내셨다고 말한다. 이렇게 해서 마침내 바울은 다마스커스에서 성령 받음과 동시에 성령으로 충만케 되었다.

하나님은 이런 바울의 경험을 그리스도인이면 누구나 체험할 수 있도록 의도하셨다. 성령께서 어떤 사람 안에 내주하시는 목적은 그로 하여금 예수의 생명으로 충만케 하시기 위함이다. 만일 우리가 이를 경험하지 못한다면, 그것은 복음의 목적에 맞게 잘 교육받지 못한 무지함 때문이거나 혹은 불순종 때문이다. 즉 우리가 하나님과 화목하게 된 이유는 단지 지옥에 가지 않도록 하시기 위함만이 아니라, 하나님의 뜻을 이루고 우리로 성령 충만한 가운데 살도록 하시기 위함이다.

2. 성령 충만은 계속되는 삶의 상태를 말한다

예루살렘에 있는 사도들이 너무 바빠서 현실적인 문제들이 도외시되고 있을 때, 사도들은 일곱 명의 남자를 세워 과부와 고아를 돌보도록 했다. 사도들은 사람을 세움에 있어 다음과 같은 기준을 정했다. "너희 가운데서 성령과 지혜가 충만하여 칭찬 받는 사람 일곱을 택하라"행 6:3. 그 기준은 과거에 "성령이 충만하여 칭찬 받았던 것"이 아니라, 현재 계속되는 경험으로서 "성령이 충만하여 칭찬 받는 것"이었다.

이처럼 성령 충만은 그들이 관여했던 사건이 아니라 그들이 살고 있는 현재의 상태였다. 만약 주일에 그들을 교회에서 만난다면 그들은 성령 충만한 상태일 것이다. 월요일에 직장에서 만나도 그들은 성령 충만한 상태이며, 화요일 저녁에 가족들과 함께 집에 있을 때에도 그들은 여전히 성령 충만한 상태일 것이다. 요컨대 이것은 하나의 사건이 아니라 계속되는 삶의 상태라는 것이다.

교회 일을 위해 택함 받은 일곱 명 중 한 사람인 스데반은 그중에서도 택함을 받아 첫 번째 순교자가 되었다. 스데반은 죽기 직전에 "성령 충만하여 하늘을 우러러 주목하여 하나님의 영광과 및 예수께서 하나님 우편에 서신 것"을 보았다』행 7:55. 스데반은 성령으로 충만한 사람이었고 하나님 우편에 서신 예수님의 환상을 보았지만, 그럴지라도 고통스러운 죽음을 피해 가지는 못했다. 그는 대적들의 돌에 맞아 죽고 말았다. 단, 성령 충만한 상태로 죽었다.

한편 이 스데반과 비슷한 인물이 사도행전에 나오는 바나바다. "바나바는 착한 사람이요 성령과 믿음이 충만한 사람이라 이에 큰 무리가 주께 더하여지더라"행 11:24. 사람들이 언제 어디서 바나바를 만나든지, 스데반처럼 그도 성령으로 충만해 있었다.

3. 성령 충만은 사역이 효과적인지 아닌지를 판단하는 기준이다

바로 이와 연관해서 성령으로 충만케 된다는 말이 사도행전에 가장 자주 나온다. 베드로가 예루살렘에서 산헤드린 공회 앞에 섰을 때 그는 목숨의 위협을 느꼈지만, 성령이 충만하여 백성의 관원들과 장로들에게 말할 수 있었다』행 4:8. 물론 베드로는 오순절 날 성령으로 충만케 되었고, 성령께서 특별한 담대함과 권위를 가지고 말할 수 있도록 힘을 주시기도 했다.

후에 감옥에서 나온 베드로는 예루살렘의 성도들과 만났으며, 함께 "빌기를 다하매 모인 곳이 진동하더니 무리가 다 성령이 충만하여 담대히 하나님의 말씀을 전하였다"행 4:31. 이처럼 그들의 성령 충만은 그들이 처한 시시각각의 상황과 직접적으로 관련되었고, 이로써 그들은 하나님의 말씀을 담대히 전할 수 있었다.

한편 바울은 1차 전도여행 중 구브로에서 귀신들린 마술사인 엘루마를 만났다. "바울이라고 하는 사울이 성령이 충만하여 그를 주목하고 이르되 …마귀의 자식이요 모든 의의 원수여 …이제 주의 손이 네 위에 있으니 네가 맹인이 되어 얼마 동안 해를 보지 못하리라 하니 즉시 안개와 어둠이 그를 덮어 인도할 사람을 두루 구하는지라" 행 13:9-11.

바울은 이미 성령 충만한 사람이었다. 그리고 이때 그 성령 충만은 바울이 엘루마에 대해 말할 때 그 말에 하나님의 권위를 싣는 방식으로 나타났다. 후에 바울과 그의 동역자 바나바는 1차 전도여행 중 비시디아 안디옥에서 쫓겨나 다른 성도들과 다시 만나게 되는데, 그때 "제자들은 기쁨과 성령이 충만하니라" 행 13:52고 성경은 말하고 있다. 즉 이 특별한 모든 사역이 성령 충만을 통해서 이루어졌다는 것이다.

지금까지 살펴본 경우는 모두 사도행전에서 성령 충만에 대해 직접적으로 언급한 경우이다. 그 밖에도 성령에 대해 그리고 성령의 사역에 대해 풀어서 언급하고 있는 구절들이 많다. 단, 위에서 언급했던 곳은 성령께서 구체적으로 사람들을 충만케 하시는 것을 묘사한 구절로써 특별히 주목할 필요가 있다. 사도행전 외에도 이에 관해 언급된 곳이 한 군데 더 있는데, 그것은 바울이 쓴 에베소서다.

4. 성령 충만은 순종해야 할 명령이다

에베소서에서 바울은 "그러므로 어리석은 자가 되지 말고 오직 주의 뜻이 무엇인가 이해하라 술 취하지 말라 이는 방탕한 것이니 오직 성령으로 충만함을 받으라"엡 5:17-18고 쓰고 있다. 성령 충만은 명령이다! 성령 충만은 주의 뜻이다! 그런데 사실 이 성경 구절에 해당하는 헬라어 원문은 "성령의 충만을 받고 있으라"는 현재진행시제로 번역하는 편이 더 타당하다. 성령 충만은 삶의 어느 시점에서 단 한 번 일어나는 사건이 아니라 매일 계속해서 경험되어야 할 체험이기 때문이다.

바울이 성령 충만을 받으라고 명령한 문맥을 보면, 성령에 대한 첫 경험을 말하는 것이 아니라 성령의 사역 전체를 염두에 두고 말했음을 알 수 있다. 바울은 에베소 교회 성도들에게 그들이 성령으로 인치심을 받았으며엡 1:13, 성령 안에서 아버지께 나아감을 얻었고엡 2:18, 성령 안에서 하나님이 거하실 처소가 되었으며엡 2:22, 성령으로 말미암아 속사람이 능력으로 강건하게 되었다고 말한다엡 3:16. 또한 그들이 성령의 하나 되게 하신 것을 지켜야 하며엡 4:3, 성령을 근심케 해서는 안 된다엡 4:30고 덧붙인다. 그런데 이같이 성령의 역사에 대해 나열하고도 모자라서 바울은 성령의 충만을 받으라고 명령할 필요성을 느낀 것이다.

바울의 이런 말과 행동을 이해하기 위해 나는 먼저 두 가지 혼동의 원인을 제거하려고 한다. 첫째, 바울의 말은 에베소 교회 성도들이 이전보다 성령을 더 많이 받아야 함을 뜻하는 것이 아니다. 물론 "충만"이란 자동차에 석유를 채우거나 물주전자에 물을 채우듯 무엇인가를 더 부어서 가득 채우는 것을 나타낸다. 그러나 이 경우엔 그런 뜻이 아니다. 성령은 인격이지 액체가 아니기 때문이다.

우리에게는 성령님을 가지거나 못 가지거나 하는 경우의 수만 존재할 뿐, 일단 그분을 반만 가지고 나서 후에 채워 넣는 일은 있을 수 없다. 어느 한 사람의 신뢰와 확신, 그리고 관심과 사랑은 많거나 적게 가질 수 있다. 그러나 그 사람 자신을 많이 혹은 적게 가질 수는 없는 것이다. 성령은 연을 날릴 때 사용되는 바람이나 자동차를 움직일 때 사용되는 연료 혹은 엔진을 움직이는 증기와 같은 것이 아니다. 성령은 바로 인격체이시다.

둘째, 성령의 충만을 받기 위해 꼭 자아를 비워야 하는 것은 아니다. 젊은 시절, 나는 한 설교자가 물이 가득 든 컵을 들고서 그 컵에 우유를 채우기 위해선 어떻게 하는지 묻는 장면을 본 적이 있다. 이때 답은 명백하다. 먼저 물을 쏟아 버리고 그 다음 우유를 붓는 것이다. 그 설교자는 이와 마찬가지로, 우리가 성령 충만을 받기 위해서는 먼저 자신을 비워야 한다고 주장했다. 당시에는 그의 주장이 옳다고 생각해서, 성령 충만을 받기 위해 나 자신을 비우기로 결심했었다.

그러나 머잖아 나는 문제에 봉착했다. 비워야 할 내 "자아"가 무엇인지를 알 수 없었을 뿐 아니라, 내가 "자아"를 옳게 정의한다 하더라도 그것을 어떻게 비울 수 있는지 알지 못했다. 이 문제 때문에 나는 번민에 휩싸였다. 정말이지 낙심되었다. 단, "육체의 소욕은 성령을 거스르고 성령은 육체를 거스르나니 이 둘이 서로 대적함으로 너희가 원하는 것을 하지 못하게 하려 함이니라" 갈 5:17는 말씀을 발견하기 전까지만 그랬다. "자아"가 무엇이든 간에 그 자아는 굴복하려 들지 않으며, 더구나 사라지지도 않는다. 성령과 나의 타고난 자아 사이에서는 끊임없는 싸움이 진행되고 있는 것이다.

"성령의 충만을 받는다"라는 말을 이해하는 데 유용한 방법 한 가지는 사도행전에 나오는 다른 문맥들 속에서 바로 이 "충만"이 어떤 식으로 활용되었는지를 살펴보는 것이다. 예컨대 오순절 날에는 모든 사람들의 마음에 두려움이 "가득했다" 행 2:43, 개역개정 성경에는 "사람마다 두려워하는데"라고 되어 있음-역자 주. 예루살렘 성전 문 앞의 앉은뱅이가 베드로와 요한의 사역을 통해 고침 받았을 때, 그 앉은뱅이를 알고 있던 군중들이 모여들었으며 그들의 마음에 경이감과 놀라움이 "가득했다" 행 3:10, 개역개정 성경에는 "심히 놀랍게 여기며 놀라니라"고 되어 있음-역자 주. 또한 후에 예루살렘에 있는 종교 지도자들이 이 새로운 운동에 반대하고 나섰을 때, 사두개인의 당파가 다 마음에 시기가 "가득하여" 일어났다 행 5:17. 바울이 첫 번째 선교여행 중 비시디아 안디옥에서 추방되어 이고니온에 도착하자, 제자들은 기쁨이 "충만했다" 행 13:52.

그런데 이처럼 두려움이 가득하고, 경이감이 가득하고, 놀라움이 가득하고, 시기가 가득하고, 기쁨이 충만하다는 것은 무슨 의미인가? 이 개념을 이해하게 되면, 성령으로 충만하다는 것이 무슨 의미인지 알 수 있을 것이다.

앞에서 언급한 모든 구절들은 감정으로 충만한 상태를 가리키고 있는데, 그 의미는 매우 분명하다. 즉, 누군가 감정으로 충만하다면 그 감정이 그의 인격을 지배하고 그 사람의 행동을 결정한다는 뜻이다. 만약 예루살렘 성전 미문의 앉은뱅이가 고침 받고 난 후 군중들이 그 마음에 경이감과 놀라움으로 가득했다면, 그 의미는 경이감과 놀라움이 그 군중들의 마음을 지배하여 그들의 행동을 결정했다는 것이다. 군중들은 믿기지 않아 눈이 휘둥그레졌고, 누가는 "군중들이 경이감으로 가득했다"고 기록했다.

한편 사도들이 예루살렘에서 기사와 표적을 통해 믿을 수 없을 만큼 놀라운 영향력을 행사하는 것 그리고 군중이 그들의 설교를 듣기 위해 모여든 것을 본 사두개인들은 "시기심이 가득했다." 시기심이 그들의 인격을 지배하여 그들의 행동을 결정했던 것이다. 결국 그들은 "사도들을 잡아다가 옥에 가두었다" 행 5:18. 시기심이 행동으로 드러난 것이다.

마찬가지로, 성령으로 충만한 것은 근본적으로 성령이 우리의 인격을 지배해 행동을 결정하도록 허용하는 것이다. 성령으로 충만하단 점은 행동으로 드러난다. 그리고 이때 성령으로 충만한 증거는 다른 그리스도인과 함께 있을 때의 행동이 아니라, 홀로 있을 때나 억압에 시달릴 때 혹은 사도행전에 나오는 것 같은 극한 반대와 적대를 당할 때의 행동으로 드러난다.

흥미롭게도 성령 충만한 것과 술 취한 것이 신약 성경의 두 군데서

서로 대조되고 있어 주목할 만하다. 바울은 "술 취하지 말라 …성령의 충만을 받으라"고 말하는데, 이때 바울은 이 둘을 비교하는 것이 아니라 대조하고 있다. 그러나 우리는 그 둘을 서로 견주어 가며 성령 충만을 설명할 수도 있을 것 같다.

처음에, 어떤 사람들은 오순절 사건을 보면서 "그들이 새 술이 취하였다" 행 2:13고 말했다. 이때 베드로가 일어나 "때가 제 삼 시 오전 9시-역자 주니 너희 생각과 같이 이 사람들이 취한 것이 아니라" 행 2:15고 대변해 주었다. 적어도 겉으로 보기엔 술 취한 것이 성령으로 충만한 것과 비슷해 보였다는 것이다.

그렇다면 무엇이 사람을 취하게 만드는가? 먼저 취하는 일은 비우는 게 아니다. 만약 비워야 할 게 있다면, 그 비우는 작업은 보통 취기 후에 이루어진다. 술 취하는 것은 인격을 지배하고 행동을 결정지을 만큼 많은 양의 알코올을 마신 후에야 일어난다. 뿐만 아니라 어떤 사람이 술 취했다는 사실은 말하지 않아도 그의 행동에서 드러난다.

몇 년 전 나는 학생 신분으로 글래스고의 중심가에서 살고 있었다. 내가 사는 집 바깥의 거리에서는 종종 심하게 취한 사람들을 볼 수 있었다. 그들이 술 취했다는 걸 내가 어떻게 알 수 있었을까? 그들이 말해 주거나 길거리에 서서 "오늘 난 취했다!"고 소리 질러서 알았을까? 아니다. 그저 척 보기만 해도, 나는 누가 술 취했는지를 알아맞힐 수 있었다.

술 취한 사실을 드러내는 증거는 기본적으로 세 가지가 있다. 그 첫째는 걷는 방식이다. 술 취한 사람은 비틀거리며 걷다 곧 가로등에 부딪히거나, 옆에 있는 가게 쇼윈도에 그 머리를 기댄 채 서 있었다. 한편 두 번째 증거는 말하는 방식이다. 커피 한 잔을 마시겠다고 돈을 구걸하는 그의 말이 불분명한 것을 보면 그 사람이 취했음을 금방 알 수 있었다. 세 번째 증거는 바로 냄새였다. 술 취한 사람이 조금만 가까이 와도, 그에게서는 술 냄새가 진동했다.

그렇다면 이와 마찬가지로, 누군가 성령으로 충만하다는 사실을 알아차릴 방법이 없겠는가? 물론 있다. 나는 여기에서 성령 충만을 드러내 주는 세 가지 증거를 제시하고자 한다. 그것은 술 취한 사람을 판별할 때 쓰는 것과 동일하다. 즉 걷는 방식과 말하는 방식, 그리고 냄새이다.

성령 충만의 증거

걷는 방식

바울은 우리가 "성령 안에서 걸어야 한다"갈 5:16, KJV고 말한다개역개정 성경에는 "성령을 따라 행하라"고 번역되어 있다.역자 주. 우리가 인생을 걸어가는 방식은 우리 삶을 지배하는 핵심 요소가 무엇인지를 보여 준다. 우리에게 삶의 방향을 가르쳐 주고, 행동의 동기를 부여해 주며, 발걸음을 결정하는 것은 성령님이시다. 우리의 영적 실태는 일차적으로 서 있을 때가 아니라 걷고 있을 때, 즉 인생을 통과해 갈 때 드러난다. 바울도 "그리스도께서 너희를 사랑하신 것같이 너희도 사랑 가운데서 행하라"엡 5:2, KJV에는 "걸어가라"로 번역되어 있음-역자 주고 썼다.

성령 안에서 걷는 것은 사랑 안에서 걷는 것이다. 우리가 사람들을 대하는 태도와 인생에 대한 관점은 사랑으로 특징지어질 수 있다. 하나님의 영의 지배를 받는다는 것은 우리의 행동이 하나님의 성품에 의해 결정되는 것을 말한다. 그리고 "하나님은 사랑이시다"요일 4:16.

한편 성령 안에서 걷는 것은 빛 가운데 걷는 것이다. 요한은 그의 편지에서 "그가 빛 가운데 계신 것같이 우리도 빛 가운데 행하면걸어가면-역자주 우리가 서로 사귐이 있고 그 아들 예수의 피가 우리를 모든 죄에서 깨끗하게 하실 것이요"요일 1:7라고 썼다. 성령 안에서 걷는 것은 사랑 안에서 걷는 것이며, 사랑 안에서 걷는 것은 곧 빛 가운데를 걷는 것이다. 다시 말해 성령 충만한 사람에게는 열린 자세와 정직함 그리고 투명함이 있다.

얼마 전 매우 유명한 그리스도인의 장례식에서 한 연설자가 고인에 대해 한 말이 떠오른다. "우리는 갑작스런 질문으로 그를 놀라게 할 수가 없었다. 그는 경계할 필요가 전혀 없을 만큼 모든 부분에서 열려 있었기 때문이다." 바로 그렇다. 성령 충만한 것은 성실함과 열린 마음으로 살아가는 것이다. 우리의 삶 속에 숨기고 싶은 영역이 있다면 성령의 지배를 받지 않은 부분일 가능성이 매우 높다.

말하는 방식

두 번째 증거는 말하는 방식에서 나타난다. 예수님은 "마음에 가득한 것을 입으로 말함이라"마 12:34고 말씀하셨다. 어떤 사람의 마음속에 무엇이 가득 차 있는지 알고 싶으면 그 사람 주위에 머물면서 그의 말을 들어보면 된다. 그리고 이때 말하는 방식을 보면 그의 걷는 방식도 알 수 있다. 흥미롭게도 신약 성경의 성령 충만한 사람들에게서는 거의 언제나 그 말에서 어떤 변화가 일어났다.

오순절 날, "그들이 다 성령의 충만함을 받고 성령이 말하게 하심을 따라 다른 언어들로 말하기를 시작하였다"행 2:4. 이 일로 인해 16개국에서 오순절을 지내려 예루살렘에 모인 사람들행 2:9-11을 보라이 "각 언어로 하나님의 큰일을 말함을 들"행 2:11게 되었다. 제자들이 말한 방언은 듣는 자들에게는 익숙한 언어였지만 정작 그 방언을 말하는 제자들에겐 낯선 언어였다. 그럼에도 새롭게 성령 충만을 받은 제자들은 그 낯선 방언들로 하나님의 큰일에 대한 메시지를 선포했던 것이다.

산헤드린 공회 앞에서 베드로는 성령이 충만하여 말씀을 선포했다행 4:8. 성령 충만이 그의 말에 영향을 주어 그 메시지를 명료하게 하고 권위 있게 했던 것이다. 한편 바울은 에베소 교회 성도들에게 성령의 충만을 받으라고 명령하고 나서 즉시 덧붙이기를, "시와 찬송과 신령한 노래들로 서로 화답하며서로 말하며-역자 주 너희의 마음으로 주께 노래하며 찬송하며"엡 5:19라고 했다.

이처럼 성령 충만은 우리의 말과 노래에 즉각적인 영향을 미친다. 말할 거리가 생기고, 노래할 거리가 생긴다. 사적史的으로도 하나님의 임재하심과 역사하심은 노래와 찬송 그리고 예배의 새로운 변화로 나타났다.

냄새

바울은 고린도 교회에 보내는 편지에서 다음과 같이 썼다. "항상 우리를 그리스도 안에서 이기게 하시고 우리로 말미암아 각처에서 그리스도를 아는 냄새를 나타내시는 하나님께 감사하노라 우리는 구원 받는 자들에게나 망하는 자들에게나 하나님 앞에서 그리스도의 향기니 이 사람에게는 사망으로부터 사망에 이르는 냄새요 저 사람에게는 생명으로부터 생명에 이르는 냄새라" 고후 2:14-16.

여기서 바울이 우리에게서 "그리스도의 향기"가 나타난다고 한 것이 보이는가? 이 말의 의미는 우리가 삶 속에서 풍기는 어떤 분위기가 다른 이들로 하여금 그리스도를 생각나게 만든다는 것이다. 구원 받은 자들에게 그것은 "생명의 향기"이지만 멸망하는 자들에겐 "사망의 냄새"이다.

나는 이전에 낯선 사람에게서 그리스도의 향기를 맡은 적이 있다. 전혀 알지 못하는 사람이 내보이는 특징만으로도 그가 그리스도인인지 아닌지를 알아낼 수 있는 것이다. 놀라운 일이다. 때는 열차를 타고 인도 중앙에 위치한 뱅갈로에서 남쪽 끝의 케랄라로 가던 중이었다.

붐비는 열차 칸에 한 남자가 있었는데, 그의 얼굴이 왠지 다른 사람들과 달라 보였다. 그러나 어떻게 다른지는 설명하기가 매우 어려웠다. 말하자면 그의 눈을 쳐다볼 때, 마치 누군가 그곳에 있는 것 같은 느낌을 받았다고 할까. 거기엔 생명이 있었다.

나는 그와 대화를 나누게 되었고 대화중에 자연스레 혹시 그리스도인이 아닌지를 물어보았다. 그는 이 질문에 깜짝 놀라더니 자신이 그리스도인이라고 말해 주었다. 그는 한 소수 민족(그가 속한 민족)의 언어로 성경을 번역하는 일을 돕고 있었고, 그 일과 관련된 모임에 참석하기 위해 뱅갈로에 왔다가 돌아가는 길이라고 했다. 우리 둘은 남은 긴 여정 동안 즐거운 시간을 가졌다.

바울이 말한 "그리스도의 향기"로써 그리스도인의 존재를 알아챈 놀라운 순간이었다. 성령으로 충만한 사람은 정말로 예수의 향기를 갖고 있었던 것이다. 한 가지 아쉬운 것은 "나도 그리스도인입니다"라고 내가 말했을 때 그가 놀라워했다는 사실이다.

지금까지는 성령 충만의 의미를 정의하고 그 증거로서 걷는 방식, 말하는 방식 그리고 냄새 이 세 가지를 살펴보았다. 이제는 어떻게 해야 성령 충만을 받을 수 있는가를 살펴보자.

성령 충만을 받는 방법

흥미롭게도 성경은 이 주제에 대해 아무런 언급도 하지 않는다. 성경에는 성령 충만 받는 공식 같은 것이 전혀 없다. 다만 오순절 사건 이후 이 주제와 관련된 수많은 구절들을 조합해 봄으로써 그에 관해 추정할 수는 있겠다.

신약에는 성령 충만을 받기 위한 내적인 조건과 성령 충만과 관련된 외적인 상징들이 나온다. 그러한 외적 상징 가운데 안수하는 것이 포함되는데, 이 안수는 두 사람안수하는 자와 받는 자역자 주이 그리스도 안에서 하나 됨을 의미할 뿐 아니라 그들 안에 사시는 성령과의 연합을 상징하는 행위이다.

사도행전을 참고할 때 안수는 성령을 받거나 성령으로 충만해지기 위해 항상 시행되었던 것이 아니며, 오직 세 군데에서만 행해졌다는 기록이 존재한다. 먼저 베드로와 요한이 사마리아 사람들에게 안수하자 그들이 성령을 받았다행 8:17. 또한 아나니아는 다소 사람 사울에게 안수했다행 9:7. 그리고 바울은 에베소에 있는 열두 명의 사람들에게 안수했다행 19:6.

그러나 다른 많은 경우에는 안수가 행해지지 않았다. 예컨대 고넬료는 베드로가 말하고 있을 때 성령을 받고 성령으로 충만케 되었으며행 10:44, 이 일로 인해 고넬료뿐 아니라 베드로 역시 매우 놀랐노라고 성경은 분명히 언급한다. 오순절 날 삼천 명이 베드로의 설교를 듣고 회개했을 때, 안수가 행해졌다거나 안수가 필요했다는 기록은 어디에도 없다. 물론 안수는 매우 상징적인 행동이다. 그러나 성령을 받거나 성령으로 충만해지는 데 있어 반드시 필요한 요소는 아니다.

한편 성령 충만을 위한 내적 조건에는 기본적으로 회개와 믿음이 있다. 오순절 성령 강림 이후 베드로가 설교할 때, 그는 "너희가 회개하여 각각 예수 그리스도의 이름으로 세례를 받고 죄 사함을 받으라 그리하면 성령의 선물을 받으리니" 행 2:38라고 말했다. 이때 회개는 성령을 받고 성령 충만한 삶을 살기 위한 선행 조건이다. 의지적이고 고의적으로 죄를 범하는 삶은 성령 충만한 삶과 공존할 수 없으므로, 진실한 회개이에 대해서는 이미 논했다가 반드시 수반되어야 한다.

이와 관련하여 사도 바울은 갈라디아 교회 성도들에게 간단한 질문을 했다.

"너희가 성령을 받은 것이 율법의 행위로냐 혹은 듣고 믿음으로냐" 갈 3:2.

이 질문에 함축된 뜻은 분명하다. 즉, 그들이 성령을 받은 까닭은 믿음으로 말미암았다는 것이다. 회개와 믿음은 그리스도인의 삶에서 한 번 일어나고 마는 사건이 아니라 하나님께 끊임없이 자신을 양도하는 과정이다. 그리고 회개와 믿음은 하나님을 전적으로 의지하기 위해 완전히 돌이키는 것이다.

그렇다면 어떻게 해야 진정한 회개와 믿음을 허락 받을 수 있을까? 답은 간단하다. 단지 간구함으로써 가능하다. 예수님은 제자들에게 "너희가 악할지라도 좋은 것을 자식에게 줄 줄 알거든 하물며 너희 하늘 아버지께서 구하는 자에게 성령을 주시지 않겠느냐"눅 11:13고 말씀하셨다. 그러므로 회개와 믿음을 전제로 구하고, 하나님이 약속을 정확히 이루실 것을 믿어야 한다.

성령 충만은 우리 자신에 대해 좋게 생각하는 것과는 상관없으며, 거기에 어떤 초자연적인 현상이 반드시 따르는 것도 아니다. 무엇보다 성령 충만은 그리스도의 인격이 우리 안에 형성되어 가는 모습 속에서 가장 분명히 드러난다. 그러므로 성령과의 첫 만남도 중요하지만, 그 만남이 삶 속에서 계속 유지되어야 한다.

바울은 "너희가 그리스도 예수를 주로 받았으니 그 안에서 행하되 그 안에 뿌리를 박으며 세움을 받아 교훈을 받은 대로 믿음에 굳게 서서 감사함을 넘치게 하라"골 2:6-7고 말한다. 즉 바울은 그리스도인의 삶의 방식이 그리스도 예수를 주로 받는 과정이라고 설명하는 것이다. 우리는 회개와 믿음을 기초로 예수 그리스도를 받으며, 바로 그로 인해 날마다 회개와 믿음의 자세로 살아야 한다. 그렇다면 이제는 믿음을 발휘하는 것에 대해 살펴볼 차례다.

Chapter 9.
믿음으로 산다는 것은

　만약 그리스도인이 가장 잘못 이해해 온 단어 몇 가지를 대라고 한다면, 그 첫 번째로 '믿음'을 꼽을 수 있을 것이다. 믿음이라는 단어는 그리스도인의 삶의 핵심 요소와 관련되며, 우리에게 자유와 능력을 가져다주는 무언가를 가리킨다. 하지만 원래의 의미와는 달리 이 믿음이란 단어는 지금껏 혼동과 실망, 심지어 죄책감을 가져다준 듯하다.

　믿음이란 진리가 삶으로 나타나게 하는 것이다. 이 믿음 없이는 진리를 이해하기 어렵고, 신앙의 어떤 가르침도 비현실적이며 이론적으로만 느껴질 것이다. 이와 관련해 히브리서 저자는 구약 시대 이스라엘 백성들과 당시 독자들을 비교하면서 이렇게 말한다.

"그들과 같이 우리도 복음 전함을 받은 자이나 들은 바 그 말씀이 그들에게 유익하지 못한 것은 듣는 자가 믿음과 결부시키지 아니함이 라"히 4:2.

두 부류의 사람들이 동일한 진리를 들었다. 그런데 한 부류에게는 엄청난 가치를 지닌 진리가 다른 한 부류에서는 무가치했다. 어째서 이런 차이가 발생한 것일까? 한 부류는 그들이 아는 것에 믿음을 합했으나 다른 부류는 그렇지 않았기 때문이다. 단언컨대 삶 속에서 진리가 진가를 발휘하게 하려면 진리에 믿음을 합해야 한다.

성경을 읽을 때 새삼 깨닫게 되는 사실은 믿음이 그리스도인의 삶에서 필수 요소라는 것이다. 성경은 우리가 믿음으로 죄에서 깨끗하게 되었으며, 믿음으로 의롭게 되었고, 믿음으로 하나님께 나아갈 수 있게 되었다고 말한다.

우리는 믿음으로 살며, 믿음으로 걸어가야겠다고 결심한다. 믿음의 방패를 들고 선한 싸움을 싸워야 하며, 믿음으로 세상을 정복해야 한다고 주장한다. 그리고 마침내 믿음 없이는 하나님을 기쁘시게 할 수 없으며 믿음으로 하지 않은 모든 것이 죄임을 깨닫게 된다.

믿음이 이만큼 중요하다. 혹시 그리스도인의 삶을 사는 데 어려움을 겪고 있다면, 그것은 믿음을 발휘하는 데 문제가 있거나 믿음이 부족하기 때문일 가능성이 매우 높다.

믿음이란 무엇인가?

가장 먼저 할 일은 믿음을 정의 내리는 것이다. 단어의 의미가 분명히 정의되지 않으면 혼동이 생길 수 있는데, 특히 듣는 사람과 말하는 사람 사이에 의미 차이가 있을 때라면 더욱 그렇다. 여기서는 우선 많은 사람들이 사용하는 잘못된 믿음의 정의 두 가지를 지적하려고 한다.

1. 믿음은 신비한 능력이 아니다

어떤 사람들은 믿음을 신비한 능력 같은 것으로 이해한다. 마치 비현실적인 것을 현실화시키는 어떤 정신력 같은 것 말이다.

언젠가 나는 "오늘은 구질구질한 날이 될 거예요"라고 말했다는 이유에서 누군가로부터 비난받은 적이 있다. 그의 말인즉, "오늘은 화창한 날이 될 거예요"라고 했어야 한다는 것이다. 사실 당시엔 어느 모로 보나 비가 올 게 분명해 보였다. 그래서 나는 "아니, 분명 구질구질할 걸요. 하늘을 보세요. 날씨는 춥고 습하며 일기 예보에서도 종일 그런 날씨가 지속될 거라고 했어요"라고 말했다.

그러자 "그럼에도 당신은 오늘이 화창한 날이 될 거라고 말해야 합니다"라는 대답이 돌아왔다. "왜 그래야 합니까?"라고 내가 물으니, 그는 "그것이 믿음이니까요. 만약 당신이 오늘은 화창한 날이 될 거라고 믿으면, 정말로 화창한 날이 되는 겁니다"라고 답했다.

이것이 믿음인가? 아니, 이것은 믿음이 아니다. 그것은 소원일 뿐이며 믿음이기보다는 어리석은 바람에 훨씬 더 가깝다. 믿음은 우격다짐으로 믿어 어떤 일이 일어나도록 하는 신비한 능력이 아니다.

2. 믿음은 사실의 대체물이 아니다

어떤 사람들은 믿음이 사실을 버릴 때에만 힘을 발휘하는 어떤 것이라고 이해한다. 사실을 붙들고 있는 한 우리는 안전함을 느끼기 때문에 사실을 버리거나 상황이 약간이라도 불안정해지면, 믿음을 발휘할 필요성을 느끼게 된다는 것이다. 요컨대 믿음을 발휘하는 기본 요소는 좋은 상상력, 즉 실현될 수 없는 일이 일어날 것을 기꺼이 믿는 태도인 것이다.

그러나 믿음은 사실의 대체물이 아니다. 오히려 믿음은 사실에 근거할 때에만 효력이 있다. 믿음은 스스로 존재할 수 없으며 어떤 대상을 향한 태도로서만 존재할 수 있다. 이런 점에서, 믿음은 사랑과 비슷하다. 사랑도 어떤 사물이나 사람에 대한 태도로서만 존재할 수 있으니 말이다.

믿음은 눈을 감고 두 손을 꼭 쥐고서 어떤 일이 일어나기를 바라는 것이 아니라, 어떤 대상에 대한 신뢰의 태도로서 그 대상이 반응을 보이도록 만드는 것이다. 만약 내가 내 차에 대해 믿음을 가진다면, 그것은 내가 그 차를 신뢰한다는 뜻이며, 이 신뢰로 인해 차는 나를 태울 수 있게 되는 것이다. 그리고 믿음을 발휘한다는 것은, 내가 기꺼이 그 차에 타서 차로 하여금 나를 실어 나르도록 맡기는 일을 의미한다.

한편 믿음이 효과를 내느냐 못 내느냐를 결정하는 것은 우리가 믿는 대상이다. 만약 내가 부실한 의자를 너무 믿고서 그 위에 앉는다면 곧 바닥에 엉덩방아를 찧게 될 것이다. 나의 믿음이 부족해서가 아니라 내가 믿은 그 의자가 약했기 때문이다. 세상의 모든 믿음을 다 합친다 해도 내가 믿는 대상이 가진 약점을 보완하지는 못한다.

반대로 믿음이 작다고 해서 믿음의 대상이 가진 능력이 약화되지는 않는다. 만약 내가 두꺼운 얼음판을 믿지 못하여, 허리에 고무 튜브를 차고 가까운 나무에 걸린 밧줄을 붙잡은 후 유언장까지 준비해 놓고 매우 조심스럽게 얼음판에 발을 내딛는다고 하자. 나는 당연히 그 얼음판을 걸을 수 있을 텐데, 그것은 나의 조심성 덕분이 아니라 얼음판 자체의 두께 덕분이다.

요컨대 믿음에 있어 가장 중요한 것은 믿음 자체가 아니라 믿는 대상이다. 그리고 그리스도인의 삶에서 믿음의 대상은 바로 주 예수 그리스도이다. 이때 우리의 믿음은 그분께 대한 신뢰의 태도로 드러난다. 성경은 우리가 "믿음으로 구원받았다"라고 말하는데, 이 말은 우리가 자신을 구원할 능력이 스스로에게 없음을 인정했으며 그리스도를 의지해 주께 자복했음을 뜻한다. 믿음을 발휘한 결과 하나님이 우리를 위해, 우리 안에서, 우리를 통하여 일하실 수 있게 된 것이다.

그리스도인들은 바로 이런 삶을 살도록 계획되었다. 믿음으로 그리스도인이 된다는 것은 기본적이고도 기초적인 이론이다. 단, 그리스도인이 되게끔 한 그 믿음과 똑같은 믿음을 가지고 매일의 삶을 살아가야 한다는 사실을 인식하지 못할 때 문제가 발생한다. 바로 이런 문제로 인해, 사도 바울은 갈라디아 교회 성도들에게 "너희가 성령을 받은 것이 율법의 행위로냐 혹은 듣고 믿음으로냐" 갈 3:2 하고 물었던 것이다. 바울은 계속해서 "너희가 이같이 어리석으냐 성령으로 시작하였다가 이제는 육체로 마치겠느냐" 갈 3:3 라고도 말한다.

이 말은 다음과 같이 풀어쓸 수 있다. "어리석은 자들아, 너희가 믿음으로 성령을 받아야 함을 알면서도 마치 하나님이 너희 삶을 방관하고 계신 것처럼 자신의 능력으로만 그리스도인의 삶을 살려고 애쓰는구나." 그들의 잘못이 너무도 심각했기에, 바울은 그들에게 "누가 너희를 꾀더냐" 갈 3:1 라고 묻고 있다.

그리스도인의 삶은 하나님을 위해 사는 삶이 아니라 하나님이 우리 안에 사시는 삶이다. 만약 그리스도인이 단지 하나님을 위해 살고 있다면, 그 삶은 종교적인 삶의 차원으로 떨어질 것이며 지루하고도 율법주의적인 삶이 될 것이다.

오늘날 많은 그리스도인들 사이에서 "믿음으로 산다"는 것이 특수한 용어가 된 것이 나는 매우 안타깝다. 즉, 재정적·육체적 필요를 전적으로 하나님께 의탁하며 하나님을 섬기도록 부름 받은 사람들에게만 "믿음으로 산다"는 말이 적용되는데, 이는 잘못된 것이다. 모든 그리스도인들은 믿음으로 살도록 부름 받았다. 사실 믿음으로 사는 일은 수입원의 출처가 하나님이어야 한다는 것을 의미하지 않는다. 그것은 전적으로 하나님에 대한 우리의 태도와 상관있는 것이다.

한편 누군가 "믿음으로 살고 있다"고 말한다면 그는 "죄 가운데 살고 있지 않다"고 말하는 셈이다. "믿음을 따라 하지 아니하는 것은 다 죄"롬 14:23이기 때문이다. 하나님을 의지하며 사는 삶 대신 택할 수 있는 유일한 대안은 하나님으로부터 독립된 삶일 텐데, 바로 이 독립적인 삶의 태도가 죄의 핵심이다.

성경에서 예수님은 성령의 역사에 대해 말씀하시면서 "그가 와서 죄에 대하여 …세상을 책망하시리라 죄에 대하여라 함은 그들이 나를 믿지 아니함이요"요 16:8-9라고 하신 적이 있다. 이때 "죄"란 예수 그리스도에 대한 믿음에서 나오지 않는 모든 것을 가리킨다. 그렇다면 우리는 믿음을 이 맥락에 비추어 정의할 수 있을 것이다.

믿음이란 말이 사용되는 방식에는 크게 두 가지가 있는데, 예를 들어 설명하면 다음과 같다. 만약 내가 당신에게 네스 호의 괴물스코틀랜드 서북부 인버네스 주에 있는 호수에서 나온다는 괴물-역자 주을 믿는지 묻고, 아스피린을 믿는지를 물어본다고 하자. 이때 나는 서로 다른 두 가지 질문을 한 셈이다. 즉 네스 호의 괴물을 믿는지 물었을 때는, 목이 길고 혹이 두 개나 있으며 사람들이 찾을 땐 숨어 있다가 가끔씩 나타나 수영하는 괴물이 스코틀랜드 네스 호에 살고 있다는 사실을 믿는지 알고 싶은 것이다. 이 질문에 당신은 "예" 혹은 "아니오"라고 대답할 수 있다. 당신은 그 괴물이 존재한다고 믿을 수도 있고 안 믿을 수도 있다. 이때 믿음은 순전히 지적인 문제이다.

믿음으로 산다는 것은

그러나 내가 당신에게 아스피린을 믿는지 물어볼 때는, 당신이 고통을 제거하는 약으로서 아스피린이 존재한다는 사실을 이미 알고 있다고 간주하는 데서부터 출발한다. 내가 묻는 것은 "두통이 있을 때 아스피린을 복용하나요?"라는 것이다. 이 경우, 믿음은 당신이 존재한다고 알고 있는 어떤 것이 기능하도록 기꺼이 허용하는 일을 가리킨다.

위의 질문에서 후자의 경우가 곧 신약에서 그리스도와 우리의 관계를 말할 때 사용하는 그 "믿음"이다. 믿음은 단순히 그분이 존재하심을 믿는 것이 아니다. 물론 우리는 먼저 존재함에 대한 믿음을 가져야 한다. 왜냐하면 하나님께 나아가는 자는 반드시 그가 계신 것을 믿어야 하기 때문이다히 11:6.

그러나 이 믿음만으로는 우리에게 아무런 유익이 없다. 야고보는 "네가 하나님은 한 분이신 줄을 믿느냐 잘하는도다 귀신들도 믿고 떠느니라"약 2:19고 했다. 그러나 우리는 이 첫 번째 믿음을 기초로 하여 두 번째 종류의 믿음하나님이 일하시도록 기꺼이 자신을 내어드리는 태도을 발휘해야 한다.

성경적 죄의 핵심은 바로 이 두 번째 종류의 믿음이 없어서 예수님께서 역사하시지 못하도록 하는 것이다. 하나님을 의지하지 않고 독립적으로 행한다면, 그 행위가 아무리 선하고 합당하다 하더라도 우리는 실제로 죄를 범하고 있는 것이다. 하나님을 기쁘시게 하는 것은 그분이 우리의 하나님이 되어 우리 안에서 그리고 우리를 통하여 역사하시도록 맡기는 것이다. 이것이 곧 "믿음이 없이는 하나님을 기쁘시게 하지 못하나니"히 11:6라고 말씀하신 이유이다. 그렇다면 믿음으로 사는 것은 행동의 성질이기보다 그 행동의 원인과 관계있는 것이다. 이에 대해서는 나중에 좀 더 자세히 살펴보기로 하자.

많은 사람들은 스스로 충분한 믿음을 소유하지 못했다고 생각한다. 그래서 자주 "내게 좀더 큰 믿음이 있다면"이라고 말하거나, 다른 사람을 바라보면서 "나도 그혹은 그녀와 같은 믿음이 있다면" 하고 부러워하는 것이다. 정말이지 얼마나 많은 사람들이 "주여, 나의 믿음이 커지게 하옵소서"와 같이 단순한 기도를 올려 왔던가. 만약 당신도 그와 같은 기도를 한 적이 있다면 하나님과 좋은 교제 속에 있는 것이다. 한때 제자들도 예수님께 그런 기도를 올렸다. 다만, 이때 주님의 대답은 그들을 놀라게 했다.

이 이야기는 누가복음 17장 5-6절에 나온다. 사도들은 주님께 "우리에게 믿음을 더하소서"라고 말했다. 이에 예수님은 "너희에게 겨자씨 한 알만한 믿음이 있었더라면 이 뽕나무더러 뿌리가 뽑혀 바다에 심기어라 하였을 것이요 그것이 너희에게 순종하였으리라"고 대답하셨다. 겨자씨는 당시 중동 지역에서 가장 작은 씨였다. 도대체 예수님은 무슨 말씀을 하신 걸까?

핵심은 이것이다. 즉 믿음에 있어서 가장 중요한 것은 믿음의 대상이지 믿음의 크기가 아니라는 것이다. 앞서 보았듯, 강한 대상에 대해

믿음으로 산다는 것은

작은 믿음을 갖고 있다 하더라도 그 대상은 여전히 제 역할을 감당할 것이다. 요컨대 주님은 제자들의 이런 질문이 믿음의 성질을 이해하지 못하는 그들의 상태를 보여 준다고 말씀하셨다.

겨자, 감자, 멜론

중요한 것은 믿음의 양이 아니라 믿음의 대상이 지닌 질이다. 강한 대상을 향해 작은 믿음을 갖고 있어도 그 대상은 얼마든지 역사할 수 있기 때문이다. 이쯤에서 한 가지 예를 들어볼까 한다.

내가 난생 처음 비행기를 탔을 때의 일이다. 성장기 때 나는 비행기를 좋아했고 비행기를 타고 날아가는 꿈을 꾸곤 했다. 그러다 열여덟 살 때 남아프리카의 짐바브웨에 있는 큰 농장에서 일하게 되었다. 비행기를 타기 위해 런던 히스로 공항에 도착할 무렵 나는 약간 들뜬 상태였다.

그러나 기쁨과 동시에 약간의 두려움도 느꼈다. 그 전에 비행기 추락 사고에 대한 이야기를 너무도 많이 들어서인지, 내가 비행기를 타고 가는 동안 그런 사고가 일어나지 않을까 두려웠던 것이다. 잠시 후 나는 비행기 수속 창구에 가서 좌석 번호가 찍힌 탑승권을 받았다. 내가 탈 비행기는 보잉 707이었고, 내 자리는 통로 왼편에 있는 세 개의 의자 중 가운데였다.

비행기 안에 들어서니, 나이 많은 부인이 이미 창가 쪽 좌석에 앉아 있었다. 자리에 앉으면서 보니 그 부인 역시 긴장한 것 같았다. 좌석의 팔걸이를 너무 세게 쥐어 손가락 마디가 하얗게 될 정도였으니 말이다. 자리에 앉은 나는 그 부인과 서로 대화를 나누었다. 그녀는 내게 이전에 비행기를 타 본 적이 있는지 물었는데, 내가 처음이라고 하자 그녀 역시 타 본 적이 없다고 했다.

노부인은 자기 딸과 사위가 짐바브웨로 이민을 가서 세 명의 아이를 낳았는데, 자기는 그 아이들을 한 번도 본 적이 없으며 이번에 딸과 사위가 왕복 비행기 표를 선물로 보내 줘서 이렇게 가게 되었다고 했다. 그러더니 "내 외손주들만 아니면 비행기를 타지 않을 텐데"라고 속마음을 털어놓았다. 그만큼 정말로 두려워하는 모습이었다.

한편 자리에 앉고 얼마 안 있어 남아프리카 출신 사업가가 내 옆자리에 앉았다. 그는 전에도 비행기를 여러 번 탔었다고 했는데, 앉자마자 책을 꺼내더니 읽기 시작했다. 그는 주위에서 일어나는 일에 둔감한 듯했고 염려하거나 두려워하는 기색이 조금도 없었다.

이윽고 비행기는 이륙을 위해 활주로의 끝을 향해 움직이기 시작했다. 엔진이 작동하기 시작하자 옆자리의 부인이 두려움에 움츠러들었다. 엔진 소리가 커질수록 그녀는 점점 더 움츠러들었다. 마침내 이륙하는 순간, 그녀는 뭔가 큰 사고가 날 것처럼 머리를 무릎에 처박았다. 그 순간 나는 어땠을 것 같은가? 나는 한편으로는 희열을, 다른 한편으로는 두려움을 느꼈다. 반면 오른쪽에 앉은 남자는 전혀 긴장하지 않고 편히 쉬고 있었다.

짐바브웨까지 가는 데는 세 번의 정차를 포함해 총 16시간이 걸렸다. 그동안 부인은 조금씩 긴장을 풀기 시작했고, 나 역시 훨씬 더 편안해졌다. 그리고 오른쪽의 남자는 전혀 긴장하지 않은 채 먹기도 잘 먹고 책을 보기도 하면서 평화롭게 비행을 즐겼다.

여기서 이 이야기를 하는 이유는, 한 줄에 앉은 우리 세 사람이 갖고 있던 믿음의 분량을 보여 주기 위해서다. 왼편의 노부인은 어땠는가? 그녀는 그야말로 겨자씨만한 믿음을 갖고 있었다. 노부인은 비행기 여행에 동의할 만큼의 믿음만을 갖고 있었고, 장단점을 따져 본 후에 자기가 살아남을 확률이 51%는 된다고 결론 내렸다. 나는 그 부인보다 약간 더 확신을 갖고 있었다. 하지만 그래 봤자 감자 크기만 했다. 한편 오른편에 앉은 남자의 믿음은 멜론만 했다. 그는 자기가 무사히 도착하지 못할지도 모른다는 생각을 결코 하지 않는 것 같았다.

그러나 놀라운 점은, 우리 모두가 동시에 목적지에 도착했다는 사실이다. 그 부인이 겨자씨만 한 믿음을, 나는 감자만 한 믿음을, 그 남자는 멜론만한 믿음을 가졌음에도 불구하고 말이다. 많은 믿음을 가진 오른편의 남자가 먼저 도착하고, 내가 그 다음 도착하고, 왼편의 부인이 나보다 6시간 후에 도착한 것이 아니었다. 우리는 약속된 시간에 모두 함께 내렸다.

어떤가, 이 일화의 의미를 확실히 알겠는가? 요컨대 무엇보다 중요한 것은 우리가 가진 믿음의 양이 아니라 믿는 대상이 무엇인가 하는 점이다. 단, 짐바브웨에 도착했을 때 누군가가 내게 런던에서 여기까지 어떻게 왔냐고 물었다면, "믿음으로"라고 대답하지는 않았을 것이다. 그 대답이 분명 진리인 것은 사실이지만, 나는 "비행기로요"라고 대답할 것이다. 왜냐하면 실제적으로 일을 이룬 것이 바로 내가 믿는 대상이기 때문이다.

이쯤에서 앞의 성경 일화로 돌이켜 보자. 큰 믿음을 달라는 제자들의 요구에 예수님은 믿음의 양보다는 믿음의 대상이 더 중요하다고 대답하셨다. 만약 제자들이 적은 믿음이라도 하나님께 둔다면, 그들은 하나님의 역사하심을 체험하게 될 것이다. 다만 예수님이 제자들의 "작은 믿음"을 책망하신 다른 몇몇 경우는 그들의 믿음이 짧게 지속되었음을 탓하셨다고 보면 쉽게 이해될 것이다.

한 가지 예로, 베드로가 다른 제자들과 함께 폭풍 가운데 갈릴리 바다 위에서 배를 타고 있을 때, 예수님이 바다 위를 걸어오셨다. 이때 베드로는 "주여 만일 주님이시거든 나를 명하사 물 위로 오라 하소서"마 14:28라고 외쳤다. 예수님이 "오라"고 말씀하시자 베드로가 배에서 내렸고 예수님과 동일한 기적을 체험하게 되었다. 그도 물 위를 걸어 예수님께로 갔던 것이다.

우리는 베드로가 얼마나 오래 그리고 얼마나 멀리 물 위를 걸어갔는지 모른다. 그러나 잠시 후 베드로는 믿음을 잃고 물에 빠지려 했다. 이 장면을 마태는 다음과 같이 기록했다. "바람을 보고 무서워 빠져 가는

믿음으로 산다는 것은

지라 소리 질러 이르되 주여 나를 구원하소서 하니 예수께서 즉시 손을 내밀어 그를 붙잡으시며 이르시되 믿음이 작은 자여 왜 의심하였느냐 하시고"마 14:30-31.

베드로는 잠시 동안은 믿었다. 그러나 주위를 둘러보고 바람과 자신을 둘러싼 상황을 깨닫고 나자 두려움에 사로잡혔다. 그의 생각에 예수 그리스도의 능력보다 폭풍의 힘이 더 커 보였고, 그 결과 그는 바다 속으로 가라앉았으며 믿음이 적은 고로 책망 받았다. 그가 많은 믿음을 갖지 못해서가 아니라 그 믿음이 오래 지속되지 못했기에 책망 받은 것이다.

그러나 우리는 겨자씨만한 믿음보다는 멜론만한 믿음의 가치가 더 크다는 사실을 알아야 한다. 비행기에 타고 있던 우리 세 명은 모두 똑같이 목적지에 도착했다. 하지만 가장 큰 믿음을 갖고 있던 남자는 믿음이 적었던 우리보다 훨씬 더 안락하게 여행할 수 있었다.

그러므로 믿음의 성장을 구하는 일은 타당하다. 이때 믿음이 성장할 수 있는 유일한 방법은 믿음의 대상에 대한 지식을 늘리는 일이다. 이것은 매우 간단하면서도 분명한 원리다. 아마도 사업가인 그 남자는 비행 경험이 많았을 테고, 그로 인해 안전성에 대해 훨씬 더 확신할 수 있었을 것이다. 마찬가지로 하나님에 대한 믿음은 하나님을 알아감으로 인해 자란다. 그 밖의 다른 방법은 없다.

바울은 "믿음은 들음에서 나며 들음은 그리스도의 말씀으로 말미암았느니라"롬 10:17고 말하고 있다. 바울이 이 글을 쓸 당시, 보통 사람들은 문맹이었으며 하나님의 말씀을 혼자 접할 기회도 없었다. 그래서 그들은 함께 모여 누군가 하나님의 말씀을 읽어 주는 것을 들어야 했다. 그들이 그리스도의 말씀을 들음으로써 믿음을 지녔듯이, 오늘날 우리는 그리스도의 말씀을 읽음으로써 믿음을 키워 가야 한다. 그리스도를 알게 될 때 우리는 그분을 신뢰할 수 있을 것이며, 그분을 더 많이 알수록 그분을 더욱더 신뢰하게 될 것이다.

지난 몇 년간 나는 맡은 일들로 인해 1년에 25회에서 35회 가량 비행기를 탔다. 이만큼 경험이 쌓이자, 나는 더 이상 비행기 타기를 두려워하지 않게 되었다. 사실 이제는 비행기를 매우 신뢰한다고 말할 수 있다. 심지어 캐나다 행 비행기의 엔진이 폭발했을 때에도 나는 비행기의 안전을 신뢰했었다.

오늘날 기독교의 진리들을 자신의 삶에서 한 번도 경험해 보지 않았으면서 그에 대해 논하고 토론하며 전파하는 그리스도인들이 얼마나 많은가? 이 사실이 나는 참으로 안타깝다. 교리는 우리로 하여금 바르게 살도록 인도할 때에만 의미 있음을 강조하면서 이 장을 맺으려 한다.

Chapter 10.
순종과 인격에 대한 신뢰

앞 장에서는 믿음의 본질에 대해 논했다. 믿음은 어떤 대상에 대해 신뢰를 보임으로써 그 대상이 기능할 수 있도록 만드는 것이다. 하나님에 대한 믿음 역시 마찬가지다. 하나님에 대한 믿음은 하나님을 신뢰함으로써 그분이 역사하실 수 있게 하는 태도다.

그런데 이쯤에서 두 가지 질문을 하고 싶다. 하나님의 역사하심은 실제로 어떻게 나타나는가? 하나님이 역사하시도록 하기 위해 우리 편에서 필요한 것은 무엇인가? 이때 언급할 만한 중요한 요소 두 가지는 하나님의 말씀에 대한 순종과 하나님의 인격에 대한 신뢰이다.

이 두 가지 측면은 각각 별도로 이해되어야 한다. 그러나 이 두 가지를 서로 분리해서는 안 된다. 주 예수 그리스도가 명하신 것들을 지키는 데 필요한 힘과 능력은 그분에게 있으며, 이 힘과 능력을 우리에게 주시리라는 신뢰 없이는 순종의 과정에서 좌절감에 빠지거나 위선을 범할 수밖에 없기 때문이다.

예수님의 가르침이나 명령들을 지키는 데 있어 그분의 역할을 이해하고 인정하지 못한다면 곧 실망할 것이다. 주의 명령을 지키기가 불가능한 까닭에서다. 이것이 바로 기독교에 위선과 겉치레가 그토록 난무하는 이유이다. 사람들은 하나님의 명령을 지키기 위해 애쓰지만 정작 하나님의 힘을 구하지는 않기에 올바르게 행할 수 없는 것이다.

이와 반대로 의지적이고 능동적인 순종 없이 그리스도를 신뢰할 경우에는 17세기 이후 정적주의quietism라고 알려진 신비주의에 빠지게 된다. 정적주의는 그 이름에서도 알 수 있듯이 조용하고 수동적으로 하나님 안에서 철저히 주관적인 안식을 누리고 성령의 강요나 감동으로 주어진 일만 행하는 분파이다. 어쨌든 이 두 가지 경우가 다 건강하지 못하며 믿음으로 사는 것이 어떤 것인가를 충분히 이해하지 못할 때 나타나는 결과들이다.

순종은 모든 그리스도인들의 체험에 기초가 되는 문제이다. 그리스도인의 삶은 그리스도의 주인된 권위를 인정하고 그 권위에 항복함으로써 시작되기 때문이다. 그렇게 주께 항복한 다음에는 성경의 일반적인 교훈과 사생활에 대한 하나님의 구체적인 지시에 능동적으로 순종해야 한다. 순종한 후에야 비로소 하나님의 능력과 풍성함을 맛볼 수 있기 때문이다. 그리고 이때 하나님의 능력은 오직 하나님의 목적을 위해서만 발휘된다.

사울의 실패

비록 믿음이란 단어가 구약에서는 거의 사용되지 않았지만 믿음의 행위는 구약에서도 곧잘 발견된다. 이 장에서는 사울과 다윗의 경험한 사람은 실패자요 다른 하나는 성공한 사람이다을 살펴보면서 그리스도인이 지켜야 할 원칙들에 대해 설명하고자 한다.

사울은 이스라엘의 첫 번째 왕이었다. 사울이 왕위에 앉을 때, 하나님은 사무엘에게 사울에 대한 특별한 약속을 하셨다. "그가 내 백성을 블레셋 사람들의 손에서 구원하리라"삼상 9:16. 블레셋 사람들은 이스라엘의 남서쪽에 사는 잔인한 민족이었다. 당시 그들은 이스라엘과 끊임없이 전쟁을 벌였다. 그런데 하나님은 사울의 왕국에 대해 이같이 약속하신 것이다. 사울에게 맡겨진 역할은 주로 군사적인 영역에서 완수될 것이었다.

사무엘로부터 백성들을 다스리게 될 것이란 말을 들었을 때 사울이 보인 첫 번째 반응은 옳은 것이었다. 즉, 사울은 겸손히 반응했다. 사무엘이 그에게 기름 붓고 성령이 그에게 임하시자, 그는 곧 나아가 길르앗 야베스 사람들을 공격하고 암몬 사람들과 싸웠다. 그리고 암몬 사람들을 물리친 후 사울의 반대자들을 죽이자는 제안을 받았을 때 그는 거절하며 "여호와께서 오늘 이스라엘 중에 구원을 베푸셨음이니라"삼상 11:13고 말했다.

이때까지 그의 행동은 옳았다. 그는 하나님께 영광을 돌렸으며, 하나님께서 사울로 하여금 그렇게 하도록 만드셨다. "하나님의 영에게 크게 감동되매 그 노가 크게 일어나"삼상 11:6라고 성경은 기록하고 있다. 그에게 동기를 부여한 분노와 그를 움직인 힘의 배후에는 하나님의 신이 있었던 것이다.

사울의 시작은 정말로 좋았다. 사무엘상 14장 47절은 "사울이 이스라엘 왕위에 오른 후에 사방에 있는 모든 대적 곧 모압과 암몬 자손과 에돔과 소바의 왕들과 블레셋 사람들을 쳤는데 향하는 곳마다 이겼고"라고 기록하고 있다.

그러나 좋던 상황이 점점 나빠지기 시작했다. 그는 왕위에 있는 40년 동안 블레셋 사람들과 끊임없이 전쟁을 했는데, 이에 관해 성경은 "사울의 사는 날 동안에 블레셋 사람과 큰 싸움이 있었으므로"삼상 14:52라고 기록하고 있다.

하지만 통치 초기 이후 사울은 블레셋 사람들에게 매번 패배했다. 이스라엘이 이긴 적은 단 두 번으로, 사울의 아들 요나단이 블레셋 사람들이 있는 곳으로 건너갔을 때삼상 14장와 다윗이 골리앗을 쳐부수고 블레셋 사람들을 추격했을 때삼상 17장뿐이었다. 사울이 왕으로 뽑혔을 때 하나님께 받은 약속에도 불구하고, 그는 블레셋 사람들을 상대로 승리를 거두지 못했다.

어째서 이런 일이 일어났던 것일까? 바로 하나님의 약속은 그 약속에 대한 조건들이 충족될 때에만 유효하기 때문이다. 하나님이 무언가를 약속하셨다는 사실이 하나님에 대한 우리의 책임을 없애지는 못한다. 사울과 그의 부하들이 함께 모여 블레셋 사람들에 대한 승리를 선포한다고 전쟁에서 이길 수는 없었다. 먼저 하나님께 대한 철저한 순종과 신뢰가 있어야 했다.

사울이 잘못을 행했다는 첫 번째 기록은 아말렉과의 전투 장면에서 나타난다 삼상 15장. 사울은 하나님께 분명한 명령을 받았지만, 그 명령을 나름대로 해석하여 자신이 동의하지 않는 부분은 순종하지 않았다. 과거에 하나님을 깊이 체험했던 일들로 인해, 사울은 이제 무엇을 순종해야 할지 자유롭게 선택할 만큼 하나님에 대해 익숙해지기 시작한 것이다.

그러나 이것은 명백한 잘못이다. 우리는 하나님에 대한 체험이 우리를 교만하게 하고 하나님을 의지하는 태도에서 벗어나게 하지 않도록 매우 주의해야 한다. 하나님이 우리에게 허락하신 승리가 우리 안에 자신에 대한 신뢰를 품게 할 때, 그 승리는 위험한 것이 되고 만다. 성경의 많은 인물들과 역사상 많은 인물들이 그렇게 놀라운 축복을 경험하고서도 비참하게 사람들의 기억에서 사라지는 이유는 자만한 채 하나님이 주신 승리를 자신의 노력으로 얻은 것인 양 착각했기 때문이다.

예컨대 역대기서는 웃시야 왕의 삶을 기록하면서, "그가 여호와를 찾을 동안에는 하나님이 형통하게 하셨더라" 대하 26:5고 말한다. 역대기서는 계속해서 웃시야 왕의 능력을 묘사하다가, "그의 이름이 멀리 퍼짐은 기이한 도우심을 얻어 강성하여짐이었더라 그가 강성하여지매 그의 마음이 교만하여 악을 행하여 그의 하나님 여호와께 범죄하되"대하 26:15-16라고 덧붙이고 있다.

웃시야 왕은 자기를 통해 역사하시는 하나님을 체험했다. 그러나 그 과정에서 자만심이 생겼고 그 자만심이 그를 파멸시켰다. 그는 하나님을 떠난 자신이 얼마나 무능력한 자인지를 깨닫지 못한 채 자신의 능력을 의지함으로써 패배했다. 마찬가지로 사울이 순종의 길에서 벗어났을 때, 하나님의 능력이 그에게서 떠나고 말았다. 사무엘은 사울에게 그 사실을 알려야 했다.

"왕이 여호와의 말씀을 버렸으므로 여호와께서도 왕을 버려 왕이 되지 못하게 하셨나이다" 삼상 15:23.

어떤 경우에도 신앙생활의 기초는 순종이다. 하나님의 뜻에 순종하는 데서 벗어나면 하나님의 능력을 받지 못하게 될 뿐 아니라 이미 받은 능력도 소진되고 만다.

다윗의 성공

사울의 실패와는 대조적으로 사울의 후계자 다윗은 성공했다. 물론 다윗에게도 전혀 실패의 경험이 없었던 것은 아니다. 성경은 여러 인물들의 실패에 대해 놀랍도록 정직하게 묘사하고 있는데, 다윗 역시 예외는 아니었다. 다만 다윗은 하나님께서 그분의 모든 요구들을 충족시키고 그분의 모든 약속들을 실현하시기에 합당한 자임을 거듭거듭 증명함으로써 그러한 실패를 딛고 성공의 길로 나아갔다.

믿음으로 사는 삶을 가장 분명히 보여 주는 예는 아마도 골리앗과의 싸움 장면일 것이다. 비록 사무엘이 장차 이스라엘의 왕이 될 것을 알고 그에게 기름 부었으나 다윗은 아직 어렸다. 십대였던 다윗은 너무 어려서 군에 입대할 수도 없었고, 형들이 다 전쟁터에 가 있는 동안 집에 남아 아버지의 양들을 돌봐야 했다. 그러다 약간의 곡식과 빵 그리고 치즈를 형들에게 전해 주라는 아버지의 부탁을 받고서 엘라 골짜기의 전쟁터로 갔다.

다윗이 도착해 보니, 군인들이 싸움은 하지 않고 낙심하며 두려워하고 있었다. 이유인즉 약 6주 동안 매일 아침저녁으로 골리앗이 블레셋 진영에서 나와 이스라엘 진영을 호령한다는 것이다. 즉, 자기를 상대할 자가 있으면 한번 나와 보라는 외침이었다. 골리앗은 이스라엘 군인 한 명과 블레셋 군인 한 명이 싸우고, 이중에서 이기는 편이 전체 전쟁의 승자가 되는 걸로 하자고 제안했다. 만약 블레셋이 이기면 이스라엘이 블레셋을 섬겨야 하고, 이스라엘이 이기면 블레셋이 이스라엘을 섬겨야 했다. 이것은 분명 흥미로운 방식이자 많은 사람들의 피 흘림을 막을 수 있는 길이었다. 이에 사울은 이스라엘의 왕으로서 그 도전을 받아들였다.

골리앗은 블레셋 군대를 대표해 싸울 자로 자신을 내세웠다. 그의 키는 270센티미터가 넘었고, 그가 사용하는 무기만도 57킬로그램 가량 되었다. 그가 사용하는 창 중에서 철로 된 부분의 무게만 무려 7킬로그램이었다. 그러나 이스라엘 진영에서는 골리앗의 도전을 받아들여 싸움에 나서는 자가 없었다. 40일 동안 꼬박 하루에 두 번씩, 골리앗은 자신과 싸울 이스라엘 군인을 만나기 위해 앞으로 나왔다. 그러나 아무도 없었다.

사실 이스라엘 진영에서 골리앗의 가장 유력한 상대는 사울이었다. 성경에서는 사울이 "다른 사람보다 어깨만큼 컸더라"삼상 10:23고 묘사하고 있다. 그러나 다른 사람들과 마찬가지로 사울도 낙심한 채 40일 동안 천막 안에 웅크리고 있었다. 하루에 두 번씩, 총 80번씩이나 골짜기 너머로 울리는 골리앗의 외침에 이스라엘 군대는 부끄러움을 느꼈다. 그리고 하루에 두 번씩, "이스라엘 모든 사람이 그 사람을 보고 심히 두려워하여 그 앞에서 도망하였다"삼상 17:24.

상황이 지지부진하자 사울은 골리앗과 싸우기로 자원하는 자에게 상을 주기로 했다. 맨 먼저 많은 재산을 내걸었다. 그래도 지원자가 없었다. 싸우다 죽으면 그 많은 재산이 무슨 소용 있겠는가 싶었을 것이다. 다음으로 사울은 골리앗과 싸우는 자에게 자기 딸을 아내로 주겠다고 제의했다. 이에 덧붙여, 골리앗과 싸우는 사람뿐 아니라 그의 전 가족이 평생 납세의 의무에서 벗어나게 해주겠다고 선포하기조차 했다. 내 생각에 몇몇 가족들은 그 말에 귀가 솔깃해서 곧바로 자기 식구 중 나가서 싸울 자를 알아보았을 것이다. 그러나 사울의 말을 듣고 실제로 골리앗과 싸우겠다고 나서는 사람은 아무도 없었다.

바로 이러한 상황, 즉 진퇴양난의 상황 속에서 40일이 지났을 무렵 다윗이 형들에게 줄 음식을 갖고서 그곳에 도착한 것이다. 아마도 다윗이 형들을 만났을 때는 이런 대화를 나누지 않았을까 싶다.

"왜 오늘 아침엔 싸우지 않나요?"

"문제가 좀 있어서."

"무슨 문제요?"

"골리앗!"

"뭐라고요?"

"골리앗!"

"골리앗이 누군데요?"

"저 골짜기 건너편에서 고래고래 소리 지르고 있는 엄청난 괴물 말이야. 아니, 저것 말고. 저것은 참나무고. 참나무 옆에 있는 저 사람 말이야!"

"그 사람이 왜요?"

"그가 우리 이스라엘 군사들 중에서 자신과 싸울 자는 나오라고 하는데, 싸움에서 이기는 편이 이 전쟁에서 이기는 것으로 하자는 거야."

"그게 왜 문제예요?"

"왜냐하면 그 자가 너무도 크기 때문이지. 정말로 엄청나게 커!"

"그 사람이 크다는 건 척 봐서도 알겠어요. 하지만 형님은 내 질문에 대답하지 않았어요. 왜 그것이 문제가 되죠?"

"그와 맞설 사람이 우리 진영엔 없으니까."

"하지만 우리에겐 하나님이 계시잖아요. 골리앗은 단지 이스라엘 군대에 도전하고 있는 게 아니라 하나님께 도전하고 있는 거예요. 하나님은 블레셋 군대가 패할 것이고 이스라엘이 그들의 압제에서 벗어나게 될 거라고 약속하셨어요. 그러니까 지금 골리앗이 도전하고 있는 것은 우리들이 아니라 하나님이라구요!"

"다윗, 이 문제를 너무 영적으로 보지 마라. 우리도 하나님이 우리 편이란 건 잘 알고 있어. 네가 이 문제를 단순화시켜서 영적으로 보는 건 좋아. 그러나 우린 좀 현실적일 필요가 있단다. 여하튼 우리도 하나님의 약속에 대해서라면 잘 알고 있고 그 약속을 이루어 달라고 간구하기도 수십 번이었다. 사실 매일 아침마다 기도회를 갖고 있어. 오는 금요일에는 이 문제를 놓고 철야기도회를 가질 예정이야.

다윗! 우리는 네가 얼마나 교만한지 알고 있다. 너는 전쟁을 구경하기 위해 이곳에 왔을 뿐이지. 하지만 이곳에선 아무런 전투도 벌어지고 있지 않아. 그러니 집으로 돌아가 양들이나 돌봐라."

이렇게 말하며 그들은 다윗을 돌려보냈다. 그러나 다윗은 돌이켜 다른 사람을 향하여 전과 같은 질문을 했고, 그 사람은 똑같은 대답을 했다삼상 17:30. 결국 다윗은 사울에게로 가서 "그로 말미암아 사람이 낙담하지 말 것이라 주의 종이 가서 저 블레셋 사람과 싸우리이다"삼상 17:32라고 말하기에 이른다. 그러나 사울은 다윗의 제안을 거절했다. 다윗은 아직 어린 소년이고, 골리앗은 어려서부터 단련된 용사라고 말했던 것이다. 그래도 다윗이 계속 간청하자 사울은 다시 생각하기로 마음먹었다. 그리고는 심사숙고 끝에 전쟁이 어떤 식으로든 곧 결판날 것이라는 결론에 이르렀다. 결판이 나면 이스라엘에게 수치와 패배가 될 것이 뻔했지만 군사를 한 명 잃느니 차라리 소년 한 명을 잃는 게 낫다는 생각이 들었을 것이다. 마침내 사울은 다윗의 청을 받아들였다.

여기서 잠깐 멈추고 이 문맥에서 "믿음으로 사는 것"이 무엇을 뜻하는지 생각해 보자. 단순히 하나님께서 그들을 블레셋 사람들로부터 구원하시리란 약속을 붙드는 게 믿음인가? 골리앗을 무찌르기 위한 기도 모임을 가지는 게 믿음인가? 결국 하나님은 기적을 일으키셔서 골리앗을 심장병이나 뇌출혈 같은 질병으로 쓰러뜨리실 수도 있고 아니면 특별한 증상 없이 그냥 죽이실 수도 있지 않겠는가?

아니, 하나님은 그럴 작정이 아니셨다. 하나님은 그들이 순종하지 않는 한 역사하지 않을 것이며, 그들이 순종하기 전에는 그 어떤 능력도 나타내지 않으실 참이었다. 그들에게 정말 필요한 것은 하나님을 신뢰하고 하나님의 명령에 순종하는 사람이었다. 즉 골리앗을 쓰러뜨리기 위해서는 누군가가 하나님에 대한 온전한 믿음으로 순종해야 했다. 우리가 기꺼이 위험을 무릅쓰지 않는 한 하나님이 역사하시는 것을 보기는 어렵다. 그렇다고 해서 하나님이 말씀하신 것을 넘어 하나님을 시험하는 만용을 벌여서는 곤란하다. 다만 하나님께서 가라고 명하셨으므로 그분이 책임지시리란 사실을 믿으며 불가능해 보이는 상황 속으로 뛰어들 수 있어야 한다.

"이 일이 가능한 일인지 아닌지를 묻지 마라. 오직 이 일이 옳은 일인지 아닌지를 물어라." 이안 토마스 소령의 이 발언을 부디 기억해야 한다. 만약 우리가 항상 가능성의 영역 안에서만 산다면 우리 삶에 모험이란 없을 것이며 따라서 흥분될 일도 거의 일어나지 않을 것이다. 그러나 우리가 옳은 일을 찾아 시도한다면, 많은 어려움에도 결국 하나님이 역사하심으로 기적을 보게 될 것이다.

마찬가지로 무엇이 가능하겠는가 하는 생각은 다윗의 마음을 오래 사로잡지 못했다. 오히려 다윗은 그가 아버지의 양떼를 공격하는 사자나 곰과 싸웠을 때 주께서 구해 주셨던 일들을 회상했다. 다윗은 그의 체험을 돌이켜 보며 이번에도 하나님이 해결해 주시리라고 확신할 수 있었던 것이다.

이 순간, 다윗에게 가장 중요한 문제는 "무엇이 옳은 일인가" 하는 점이었다. 만약 그가 옳은 일을 하면 하나님께서 결과를 책임져 주실 것이었다. 그래서 사울이 주는 그 무거운 무기들을 거절한 채, 다윗은 주님의 손을 잡고 골리앗을 만나러 갔다. 사울은 "여호와께서 너와 함께 계시기를 원하노라" 삼상17:37고 옳은 말을 했지만 종교적 위선과 신실하지 못한 마음으로 다윗을 보냈다.

이때 사울의 태도를 눈여겨 볼 필요가 있다. 사실 하나님께서 다른 사람 안에서 혹은 다른 사람을 통하여 역사하실 것을 믿기보다, 자기에게서 하나님이 역사하심을 믿기가 더욱 어려운 법이다. 우리는 허드슨 테일러나 C. T. 스터드, 조지 뮬러 혹은 D. L. 무디와 같은 사람들 안에서 놀랍게 역사하신 하나님에 대해서는 믿지만, 그 동일한 하나님이 우리 자신 속에서 역사하시리란 생각은 잘 하지 않는다. 그러나 우리가 정말로 하나님을 믿고 있는가를 보여 주는 가장 강력한 증거는 바로 우리 자신이다. 만약 사울이 다윗에게 말했듯 하나님께서 함께 계심을 정말로 믿었다면, 그 스스로 40일 전에 골리앗과 싸우러 나갔을 것이다.

다윗이 골리앗과 싸우기 위해 엘라 골짜기를 내려갈 때, 그 모습을 지켜보는 이스라엘 군인들 사이에는 적막감이 맴돌았을 것이다. 다윗의 형들 역시 이 일을 아버지께 어떻게 말해야 할지 고민했을 것이다. 다윗은 단지 형들에게 먹을 것을 가져다주려고 왔을 뿐인데, 지금 직업 군인들도 감당하기 힘든 대적과 싸우러 나아가고 있는 것이다.

다윗은 틀림없이 죽고 말 것이다! 한편 사울처럼 키 큰 군인들 가운데는 그렇게 어리고 작은 다윗이 자신들의 할 일을 대신하고자 나아가는 모습을 보고 죄책감을 느끼는 이들도 있었을 것이다. 블레셋 군인들도 다윗이 걸어오는 모습을 보고 어리둥절해 했으며, 골리앗은 특히 모욕감을 느껴 "네가 나를 개로 여기고 막대기를 가지고 내게 나아왔느냐" 삼상 17:43 하고 소리쳤다.

그런데 다윗은 어쩌면 그토록 담대할 수 있었을까? 골리앗의 호령에 대한 그의 대답을 들어보면 그 이유를 알 수 있다.

"너는 칼과 창과 단창으로 내게 나아오거니와 나는 만군의 여호와의 이름 곧 네가 모욕하는 이스라엘 군대의 하나님의 이름으로 네게 나아가노라 오늘 여호와께서 너를 내 손에 넘기시리니 내가 너를 쳐서 네 목을 베고 블레셋 군대의 시체를 오늘 공중의 새와 땅의 들짐승에게 주어 온 땅으로 이스라엘에 하나님이 계신 줄 알게 하겠고 또 여호와의 구원하심이 칼과 창에 있지 아니함을 이 무리에게 알게 하리라 전쟁은 여호와께 속한 것인즉 그가 너희를 우리 손에 넘기시리라" 삼상 17:45-47.

이 말을 마친 다윗은 골리앗을 향해 달려가면서 주머니에서 매끄러운 돌 하나를 꺼내어 물매에 매달았고, 그것을 정확하게 조준하여 던졌다. 그리고 그 돌은 골리앗의 이마를 정확하게 맞혔다. 성경은 이 장면을 "돌이 그의 이마에 박히니 땅에 엎드러지니라" 삼상 17:49 고 생생하게 그리고 있다.

신뢰와 순종

내게 다윗의 이 이야기는 주일학교 시절을 상기시킨다. 언제나 이 영웅 이야기를 흥미진진하게 들었던 것이다. 그러나 여기서는 이것을 영웅의 일화로 취급하지 않으려 한다. 대신 이 사건에서 본 다윗의 삶의 원칙을 우리 삶의 원칙으로 제시해 보겠다. 앞서 본 다윗의 일화는 어떻게 해서 어린 하나님의 사람이 장성한 하나님의 사람으로 성장하는지를 잘 보여 준다.

다윗이 승리를 경험한 것은 그가 두 가지 일을 했기 때문이다. 사실 이 두 가지는 이스라엘 병사 중 누구라도 할 수 있는 일이었다. 우선, 그는 하나님의 말씀에 순종했다. 당시 상황에서 다윗은 하나님의 뜻을 알았고, 앞으로 나아가 인간으로서는 감당하기 힘든 위험을 무릅쓰며 순종했다. 그 누구의 도움 없이 혼자 나서야 하는 상황에서도 자신이 옳다고 여기는 일을 했던 것이다. 더욱이 이 순종은 신뢰를 통해 이루어졌다. 다윗은 하나님께서 반드시 승리하실 것임을 신뢰했던 것이다. 물론 그는 물매를 잘 던질 수 있었으나 승리의 비결은 그의 물매 던지는 솜씨에 있었던 것이 아니라, 다윗을 그 상황에 처하게 하시고 그를 통해 자신의 목적을 이루시는 하나님에게 있었다.

거듭 말하지만, 다윗은 하나님에 대한 순종을 통해 스스로가 하나님께 합당한 자임을 증명해 보였다. 만약 그가 그렇게 적극적으로 순종하지 않았다면 하나님이 그를 통해 역사하시는 것을 결코 경험하지 못했을 것이다.

바로 여기에서 몇몇 그리스도인들과 교회들이 살아서 역사하시는 하나님을 증거하지 못하는 이유가 발견된다. 즉, 그들은 두려운 나머지 하나님이 그들에게 가라고 하시는 곳으로 한 발짝도 내딛지 못하고 그저 기도만 하고 있는 것이다. 물론 기도는 중요하다. 그러나 하나님께 순종하기를 거부하고 우리의 책임을 다하지 않을 때 기도는 순종을 회피하기 위한 수단이 될 수 있다.

다시 이야기를 다윗에게로 돌이켜 보자. 흥미롭게도 골리앗이 바닥에 쓰러지자마자 이스라엘 군인들은 막사에서 뛰어나와 언덕 아래로 달려갔다. 그리고는 가드 성의 성문까지 도망하는 블레셋 군사들을 추격했다. 어떤가, 이 역시 많은 교회의 모습이 아닌가? 교회는 다른 사람이 이룬 승리에 편승해 그 승리로 인한 유익을 누릴 것이다. 어떤 사람이 하나님의 놀라운 일을 체험하며 하나님의 능력을 크게 나타낼 때, 우리는 그의 이야기를 듣고 말하며 읽고자 한다. 그러나 정작 우리 자신이 그러한 사람이 되는 대가를 지불하려 하지 않는다.

한편 이스라엘 사람들은 다윗에 대한 노래를 지었다. "사울이 죽인 자는 천천이요 다윗은 만만이로다"삼상 21:11. 단, 이스라엘 백성들은 다윗을 기리는 노래를 부르며 그의 승리를 반복해서 이야기하면서도, 자신들 모두에게 다윗과 같이 하나님의 능력을 나타낼 기회가 40일 동안이나 있었다는 사실은 꿈에도 생각하지 못했다.

가장 슬픈 일은, 사울 자신이 하나님의 승리를 경험하지 못했을 뿐 아니라 다윗이 담대히 나아가 하나님의 능력을 나타냈을 때 그를 질투했다는 사실이다. 그가 "사울이 죽인 자는 천천이요 다윗은 만만이로다"라는 노래를 처음 들었을 때, "그 말에 불쾌하여 심히 노하여 …그 날 후로 사울이 다윗을 주목하였더라"삼상 18:8-9고 성경은 말한다. 그리고 사울처럼, 그리스도인이 자기 삶 속에서 하나님을 하나님 되게 하지 않을 때, 그는 그렇게 하려는 다른 사람들을 반드시 싫어하게 된다. 역사책에 기록되었거나 먼 과거에 살던 사람들이라면 영웅으로 칭송하기가 비교적 쉽다. 그러나 자신과 가까운 사람의 거룩한 삶을 통해 스스로의 부족함이 드러날 때, 겉으로만 그리스도인인 사람들은 그를 결코 좋아할 수가 없다.

다윗은 엘라 골짜기에서 적군 하나를 무찌름으로써 사실 더 많은 적들을 만들게 되었다. 그리고 그 적들 중 많은 자들이 하나님의 사람들이었다. 안타깝게도 많은 신자들은 지금도 하나님과 함께 전진하는 사람들을 질투한다. 특히 그들이 자기보다 나이가 어릴 경우에는 더 그렇다. 다윗의 경우, 나라에서 가장 막강한 사람이 자신의 적이 된 것은 하나님께 순종한 대가의 일부였다.

사울의 비극은 하나님의 약속이 그에게 주어졌을 뿐 아니라 과거에 그 약속을 이루시는 주의 신실하심을 체험했음에도 그분께 선택적으로 순종했다는 데서 비롯한다. 사울의 순종이 변덕스러웠기 때문에 그의 눈에는 하나님께서 섭리하시는 방식이 변덕스러워 보였다. 그도 그럴 것이 하나님의 섭리는 오직 하나님의 계획에만 유용하기 때문이다. 하나님의 계획에서 벗어나면 하나님의 능력을 경험하지 못하게 된다. 이것이 곧 사울에게 문제가 되었다. 초기엔 성공적인 삶을 살았지만 차차 실패를 경험하면서 불평과 불순종이 싹텄던 것이다. 자신의 교만과 불순종이 실패의 원인임을 직시하지 못하고 하나님의 능력을 의심하게 된 사울. 골리앗과 대치해 있을 때에도, 사실 그는 자신이 해야 할 일을 알고 있었다. 그러나 다윗과는 달리 선택적인 순종을 행한 결과 하나님의 신실함을 배우지 못하고 말았던 것이다.

당신은 믿음으로 사는가? 이 질문에 선뜻 답하기 어렵다면 다윗의 삶을 들여다보라. 다윗은 믿음으로 사는 것이 무엇인가를 분명히 보여 준다. 이때 믿음으로 사는 삶은 하나님께 순종하는 일 그리고 하나님을 신뢰하는 일과 관계된다. 당신은 교회에 앉아서, 혹은 교실에서 공부하며, 혹은 이 책을 읽으면서 그 사실을 증명할 수는 없다. 그런 식으로 원리에 대해 배울 수는 있어도 실제 체험은 할 수 없는 것이다. 그 사실을 경험할 수 있는 장소는 당신에게 허락된 엘라 골짜기, 즉 혼자서는 도저히 승리할 가망이 없는 대적과 대치한 바로 그곳이다.

하나님의 약속과 당신 안에 거하시는 하나님의 생명을 의지하여, 담대히 나아가 주의 영광과 선하심을 증명해 보이라! 어쩌면 여러 해 동안 사울을 피해 도망 다녔던 다윗처럼 대가를 지불해야 하겠지만, 그만한 가치가 있을 것이다. 단, 다윗처럼 산다고 해서 매일의 삶이 안락하고 언제나 승리하게 되는 것은 아니다. 때로 하나님은 당신을 영문도 모를 환경 속으로 집어넣으시며, 아무 의미를 찾을 수 없는 하찮은 일을 하라고 시키실지도 모른다. 그럴 때에도 믿음으로 행하고 보는 것으로 하지 말라고후 5:7. 더불어 하나님이 자신의 일을 우리에게 일일이 해명할 필요가 없으시단 사실도 기억하길 바란다.

Chapter 11.
그리스도 안에 거함

하나님은 이 세상을 위한 계획을 가지고 계실 뿐 아니라 이 세상 속에서 계획을 갖고 계신다. 날마다 하나님의 목적이 이루어지고 있다. 그런데 어떻게 이루어지는가? 이 질문에 대한 가장 탁월한 대답은 다음과 같다. 즉, 하나님의 목적은 대체로 평범한 사람들을 통해 이루어진다는 것이다.

내가 믿은 지 얼마 되지 않았을 때, 나는 하나님이 사용하고 싶어 하시고 그들을 통해 일하기 원하시는 특별한 사람들이 있다고 믿었다. 생동감 있고 활력 넘치는 삶을 살며 다른 사람들을 그리스도께로 인도하는 이들 말이다. 그래서 나 같은 사람이 할 수 있는 최선이란 그저 하나님이 사용하시는 그들을 위해 기도하고, 그들의 말을 들으며, 그들을 격려하고, 후원하는 거라고 생각했다. 하나님이 바로 나 자신을 통해 일하시리라고는 전혀 기대하지 못했다. 나는 하나님의 계획에서 평범한 사람들은 제외된다는 잘못된 생각을 갖고 있었고, 내 생각에 평범한 사람들은 기본적인 명령들을 준수할 뿐이었다. 그래서 그 이상의 일들은 그저 관망하면서 다른 이들의 처리 방식에 감탄하고만 있었다. 그러나 이런 과거의 생각들은 모두 그릇된 것이었다. 사실은 평범한 사람이 예수 그리스도의 사역의 도구로서 사용된다. 하나님은 특별히 선호하는 사람이 없으시며, 하나님 자신을 인정하는 자는 누구든지 사역의 통로로 사용하신다.

하나님의 계획이 사람들을 통해 이루어진다는 말은 옳지만, 이것만으로는 세상에서의 하나님의 계획을 충분히 설명하지 못한다. 보다 정확히 말하려면 하나님의 계획이 그리스도를 중심으로 일어난다고 해야 한다. 하나님은 예수 그리스도를 떠난 다른 계획을 갖고 있지 않으시며, 우리 역시 "그리스도 안에" 있음으로 인해 그 계획을 이루는 과정에 동참할 수 있기 때문이다.

우리에게 하나님의 전략에 동참할 수 있는 자격을 부여하는 것은 그리스도와의 연합이다. 그리고 이 장에서는 바로 이 말의 개인적인 의미에 대해 살펴보고자 한다.

한 사람이 그리스도인이 될 때, 그의 삶 속에서는 두 가지 일이 일어난다. 즉 그리스도가 그 사람 안에 살게 되며, 그 사람이 그리스도 안에 살게 되는 것이다. 이미 우리는 우리 안에 계신 그리스도에 대해서 많은 이야기를 나누었다.

그런데 우리가 그리스도 안에 있다는 건 도대체 무슨 의미인가? 이를 이해하는 일은 우리 안의 그리스도를 이해하는 것만큼이나 중요하다. 이 표현은 신약 성경 중 바울의 서신서에만 나오지만, 바울이 신자와 주 예수 그리스도와의 관계를 언급할 때 가장 자주 사용했던 표현이다. 또한 바울의 글 외에서는 "그리스도 안에서"라는 표현이 발견되지 않지만, 그 표현에 담긴 사상은 얼마든지 찾아볼 수 있다.

예컨대 사도행전의 이야기를 들여다보자. 오순절 날 많은 군중은 베드로의 설교에 반응을 보였다. 사도행전은 "이날에 신도의 수가 삼천이나 더하더라"행 2:41고 기록하고 있다. 이것은 재미있는 표현이다. 비록 몇몇 번역 성경에서 다소 모호한 이 문장의 의미를 분명히 하고자 "제자의 수에 …더해졌다"행 2:41에 해당하는 NIV 구절을 직역한 것임-역자 주라는 표현을 사용하고는 있지만, 헬라어 원문에는 그렇게 많은 무리들이 어디에 더해진 건지에 관해서는 분명히 언급되어 있지 않다. 다만 사도행전의 뒷부분에서는 이와 동일한 표현이 "큰 무리가 주께 더했다"행 5:14, 11:24, KJV는 식으로 보다 한정적으로 사용되고 있다. 즉, 복음에 반응을 보인 사람들은 어떤 조직이나 종교적인 단체에 그 숫자가 더하여진 것이 아니라 주님 자신께 더하여진 것이다. 실제적이고도 놀라운 방법으로 그들은 예수 그리스도께 연합하였고, 그들의 정체성은 예수 그리스도의 정체성과 밀접한 관련을 맺게 되었다.

나중에 바울은 교회를 "그리스도의 몸"으로 묘사하면서, "우리가 유대인이나 헬라인이나 종이나 자유인이나 다 한 성령으로 세례를 받아 한 몸이 되었고 또 다 한 성령을 마시게 하셨느니라" 고전 12:13고 말한다. 이처럼 그리스도와의 연합으로 인해 교회는 그리스도의 몸 즉 그리스도의 생명이 나타나고 그리스도의 목적이 이루어지는 데 사용되는 실제적이고도 물리적인 존재로서 묘사되기 시작한다.

신약 시대의 교회가 단순히 건물이나 조직이 아니라, 성장 배경과 피부 색깔은 다를지라도 자기 죄를 회개하고 주 예수를 믿음으로써 그리스도의 몸으로 연합된 모든 사람을 가리킨다는 사실은 강조할 필요가 없을 것이다. 즉 교회는 조직이 아니라 예수 그리스도의 생명에 의해 연합된 유기체, 생명체인 것이다. 이때 우리를 그리스도의 몸 되게 하는 것은 그리스도의 생명을 공유하는 일이다.

몸의 가치

교회가 그리스도의 몸이라는 진리를 이해하기 위해서 잠시 당신의 몸을 생각해 보라. 당신의 몸은 당신이 아니다. 그것은 당신이 거하는 곳일 뿐이다. 사도 바울은 몸을 "땅에 있는 우리의 장막 집" 고후 5:1이라고 묘사하는데, 이 표현은 육신이 진정한 인격이 거하는 장소임을 잘 나타내 준다.

만약 당신이 양다리와 양팔을 다 잃어버린다면, 대략 몸의 절반을 상실한 것이 된다. 그러나 양다리와 양팔을 잃은 후에도 당신은 실제적인 인격으로서 당신의 정체성을 유지할 수 있다. 물론 이전보다 기능적인 면에서 온전치 못할 수는 있으나 여전히 이전의 당신과 지금의 당신은 완전히 동일한 인격이다. 인격은 몸이 아니며, 몸도 인격이 아니기 때문이다.

이것은 곧 당신에게 진리이며, 그리스도께도 진리이다. 당신의 몸은 당신의 집이지 당신 자신이 아니다. 교회는 주 예수 그리스도의 집이지 예수 그리스도 자신이 아니다. 그러나 당신의 몸은 당신에게 매우 중요하다. 왜냐하면 당신이 행하는 모든 것은 당신의 몸을 통해 이루어지기 때문이다.

일할 때도 몸으로 한다. 쉴 때도, 게임을 하거나 영화를 볼 때도 몸으로 한다. 당신이 품고 있는 야망을 실현하기 위해서도 몸이 필요하다. 다시 말해 몸은 당신이 그 안에 살면서 자신을 표현하는 수단이다. 몸을 통해 당신의 생각이 말해지고, 당신의 계획이 실현되며, 당신의 일이 이루어진다. 몸이 없이는 이들 중 단 한 가지도 일어날 수 없다.

내가 설교하러 갈 때마다 내 친구 하나는 전화로 "미안하지만 오늘은 너와 함께 갈 수 없어. 그러나 확실히 영으로는 너와 함께 있을 거야"라고 말한다. 누군가가 내게 이런 말을 할 때마다 나는 항상 고맙게 생각한다. 그러나 그들에게 집회에서 시작 기도나 독창을 해달라고 부탁하지는 않는다. 그것은 몸이 있어야 가능한 일이기 때문이다. 만약 몸 없이 영으로 존재한다면 만약 그것이 가능하다면 당신은 그렇게 많은 일을 하지 못할 것이다. 몸의 가치가 이 정도다. 몸은 우리가 무엇을 이루는 데 있어 절대적으로 필요하다.

예수 그리스도는 이 세상을 위한 큰 계획들을 갖고 계신다. 그리고 그것들을 이루기 위한 수단을 창조하셨는데, 그것이 바로 몸이다. 그분이 그 몸 안에 사시며 그 몸을 통해 생각하시고 그 계획을 실현하시며 일을 이루실 것이다. 단, 이때의 몸은 예수님이 지상에서 33년 동안 사실 때 입고 계셨던 단 하나의 몸이 아니다. 이 몸은 오순절 날 그분에게 주어진 새로운 몸이다. 오순절이 이 몸의 생일인 것이다. 그날에 사도들이 새로운 생명_{바로 예수님의 생명}을 얻었을 뿐 아니라 예수님도 새로운 몸을 얻으셨다.

그분은 일할 수 있는 새 손을 얻으셨다. 바로 사도들의 손이었다. 그분은 걸을 수 있는 새로운 발을 얻으셨다. 바로 사도들의 발이었다. 그분은 말할 수 있는 새로운 입술을 얻으셨다. 바로 사도들의 입술이었다. 그분은 사랑할 수 있는 새로운 심장을 얻으셨다. 바로 사도들의 심장이었다.

오순절 이래 하나의 몸을 입고 지상에서의 삶을 사시며 사역하셨던 주 예수 그리스도께서는 이제 새로운 몸, 즉 교회를 통해 사역을 계속하신다. 그분이 그 몸의 머리가 되시고 생명이 되신다. 그러나 그분의 사역을 이루기 위한 육체적인 수단은 사람들의 생명과 몸이다. 이것이 바로 사도행전의 주제이다.

누가는 사도행전을 소개하면서 "데오빌로여 내가 먼저 쓴 글에는 무릇 예수께서 행하시며 가르치시기를 시작하심부터 …기록하였노라"_{행 1:1-2}고 적고 있다. 이보다 먼저 작성된 누가복음을 읽어 보면, 하늘에 계신 아버지께 승천하심으로써 마무리된 예수님의 삶과 사역 전체에 대한 내용이 기록되어 있음을 알 수 있다. 그런데도 누가는 이 누가복음을 두고서 단지 '예수의 행하시며 가르치시기를 시작하심' 에 대한 기록이라고 묘사한다. 그렇다면 이것은 그의 두 번째 책인 사도행전이 동일하신 주 예수 그리스도께서 이전에 입으셨던 하나의 몸을 통해서가 아니라 오순절 날 그분에게 주어진 새로운 몸인 교회를 통하여 계속 일하시고 가르치신 내용을 기록한 것임을 암시하는 게 아닐까?

하나님의 관점에서 볼 때 이 몸의 창조야말로 오순절 사건이 낳은 결과였다. 오순절 사건은 예수 그리스도의 생명과 인격, 활동 그리고 목적이 표현되고 성취될 수단인 새로운 몸의 창조였기 때문이다. 그렇다면 이 사실을 하나님의 관점에서 이해하는 것이 중요하다. 바울은 에베소 교인들에게 이렇게 말하고 있다. "너희 마음의 눈을 밝히사 그의 부르심의 소망이 무엇이며 성도 안에서 그 기업의 영광의 풍성함이 무엇이며 그의 힘의 위력으로 역사하심을 따라 믿는 우리에게 베푸신 능력의 지극히 크심이 어떠한 것을 너희로 알게 하시기를 구하노라" 엡 1:18-19.

그런데 바울은 이 말을 하기 전에 같은 장에서 비슷한 말을 한 적이 있다. "그 안에서 너희도 진리의 말씀 곧 너희의 구원의 복음을 듣고 그 안에서 또한 믿어 약속의 성령으로 인치심을 받았으니 이는 우리 기업의 보증이 되사 그 얻으신 것을 속량하시고" 엡 1:13-14. 이 둘 사이의 차이는 명백하다. 즉, "우리의 기업"을 넘어 "성도 안에서 그 기업의 영광의 풍성함"이 무엇인지를 이해할 필요가 있는 것이다.

사실 우리는 구원에 있어 유일한 수혜자가 아니다. 이상하게 들릴지 모르지만 하나님 역시 수혜자이시다. 바울은 에베소 교인들이 하나님께서 그들 안에 무엇을 기업으로 주셨는지를 이해하고 감사하길 기도했다. 그래서 그들이 하나님 안에서 받을 것에만 관심을 보이는 이기적인 삶을 살지 않고, 그리스도께서 그들 안에서 얻으시는 모든 것을 충족시키고자 힘쓰기를 원했다. 그리스도의 몸인 교회의 특성은 우리 몸의 살과 뼈의 특성과 같다. 몸은 생명의 거주지로서 존재하며, 머리의 지배 아래서 작동한다. 이에 바울은 에베소 교인들에게, "너희도 성령 안에서 하나님이 거하실 처소가 되기 위하여 그리스도 예수 안에서 함께 지어져 간다"앱 2:22는 점을 알리며, 그들이 "하나의 머리, 곧 그리스도 아래서" 앱 1:10, 개역개정 성경에는 "그리스도 안에서"라고 되어 있으나, 여기서는 NIV성경의 "under one head, even Christ"를 직역해 인용함-역자 주 기능한다는 사실을 전하고 있다.

교회를 통해 나타나는 그리스도의 생명의 실제적인 모습을 논하기 전에, 나는 이것이 그리스도인 됨의 본질적인 의미이며 후에 추가해도 무방한 사항이 아님을 분명히 해두려 한다. 즉, 그리스도께서 우리 안에 들어와 사시는 것과 우리가 그리스도 안에 들어가는 것은 동시에 일어나는 사건인 것이다.

이쯤에서 현대 의학이 이룬 놀라운 업적의 하나인 미세수술을 예로 들어 설명해 볼까 한다. 이 정형외과의 미세수술은 절단된 손가락, 팔 또는 다리를 원래 자리에 꿰매어 거의 정상에 가깝게 기능하도록 하는 수술이다. 지금으로부터 약 1년 전, 한 수술 사례가 영국 뉴스 매체를 통해 대대적으로 소개된 적이 있다. 한 농부가 들에서 기계로 밀짚을 묶고 있던 중 기계가 갑자기 멈춰 섰다. 뭐가 잘못됐는지 알아보려고 그는 기계 스위치를 미처 끄지 않은 채 트랙터에서 내렸다. 그는 문제의 원인을 제거하고자 짚 묶는 기계 안에 손을 집어넣었고 겨우 그 원인을 제거할 수 있었다.

그러나 잠시 후 기계가 돌아가면서 팔이 기계 안으로 빨려 들어가더니 팔꿈치 밑으로 완전히 절단되고 말았다. 간신히 고통을 참아 누르며 그는 그 절단된 팔을 들고서 500미터를 걸어 근처의 인가로 갔다. 집주인은 전화를 걸어 앰뷸런스를 불렀고, 앰뷸런스가 올 때까지 냉장고에 있는 얼음을 다 꺼집어내어 절단된 팔을 담가 뒀다. 앰뷸런스가 곧 도착했고, 남자와 절단된 팔은 병원으로 옮겨졌다. 이윽고 장시간의 수술이 진행되는 동안 그의 팔은 정성스레 원래의 자리에 꿰매어졌다.

그로부터 몇 개월 후, 나는 그가 다시 일하는 모습을 담은 사진을 신문에서 보았다. 그의 팔이 아직은 전처럼 완전히 기능하진 못했으나, 결국엔 정상 상태로 회복되리라고 의사들은 예상한다고 했다.

이 일화로부터 얻을 수 있는 교훈이 무엇인가? 이 농부에게 팔이 다시 붙여졌을 때, 그에게는 두 가지 일이 동시에 일어났다. 즉 그의 팔은 몸의 생명을 얻게 되었고, 그와 동시에 그의 몸도 팔을 얻게 되었다. 절단된 순간 팔은 생명을 잃었다. 그래서 손바닥을 간지럽혀도 아무 반응이 없고 엄지손가락을 밟아도 마찬가지였다. 사실상 그것은 죽은 상태였다.

이것이 바로 우리가 그리스도로부터 분리되어 있을 때의 상태이다. 즉 "너희의 허물과 죄로 죽었던" 엡 2:1 상태인 것이다. 팔을 몸에 다시 붙였을 때 수술의 성공 여부는 팔에 생명이 돌아왔는지에 따라 판명되었다. 마찬가지로, 생명은 팔이 몸에 붙는 바로 그 순간에 팔에 다시 되돌아왔다. 왜냐하면 팔의 생명은 곧 몸의 생명이기 때문이다.

의사들이 아무리 놀라운 기술을 갖고 있을지라도, 절단된 팔에 먼저 생명을 불어넣을 수는 없다. 즉 팔에 먼저 생명을 불어넣는 수술을 성공적으로 마친 다음 환자의 몸에 살아 있는 팔을 붙일 수는 없다는 것이다. 테이블 위에 놓인 팔이 살아서 손목을 구부리고, 주먹을 불끈 쥐고, 손가락으로 뭔가를 가리키며, 마음대로 돌아다니는 것을 상상할 수 있겠는가? 그런 일은 불가능하다!

동일하게 새로운 영적 탄생은 성령에 의한 세례로부터 분리될 수 없는 것이다. 그리스도의 생명이 우리에게 전이되는 것은 우리의 생명이 그분의 몸에 연합됨과 동시에 일어난다. 그리스도가 우리의 생명이 되는 바로 그 순간, 우리는 그분의 몸이 되는 것이다. 이 두 사건은 결코 분리될 수 없다.

하나님은 당신을 사용하실 것이다

하나님이 그분의 뜻과 목적을 이루시는 방법은 여러 가지다. 그러나 하나님이 사람들 가운데 역사하시는 주된 방법은 교회를 통해 하시는 것이다. 우리는 그리스도께서 교회 밖에서 혹은 교회를 떠나 일하실 것을 기대할 수 없다.

나는 당신이 개인적으로 어떻게 그리스도를 알게 됐는지 알지 못한다. 그러나 한 가지는 분명히 알고 있는데, 당신이 그리스도를 알게 되는 과정에 누군가가 개입되었다는 사실이다. 어쩌면 당신은 누군가 복음에 대해 설교하는 것을 들었을지 모른다. 그리고 그런 수단을 통해 성령께서는 당신에게 갈급함을 주시고 그런 갈급함을 채워 주실 분이 오직 그리스도뿐임을 알게 하셨을 것이다.

어쩌면 누군가가 쓴 책을 읽거나 혹은 성령의 영감 아래 누군가에 의해 기록된 성경을 읽었을지도 모른다. 그리고 그 결과 당신은 그리스도를 알게 되었을 것이다.

어쩌면 당신의 직장이나 교실에서 혹은 이웃 사람들에게서 당신의 삶과는 너무도 다른 모습을 보고는 그런 삶을 가능케 하는 것이 그리스도임을 발견했을 수도 있다. 그 원인이 무엇이든 과정 중 어느 시점에서, 하나님은 당신에게 자신을 알리시고자 사람들을 사용하셨다. 내가 확신하건대, 당신이 어느 날 길을 걷고 있는데 갑자기 당신 앞에 날개를 뒤로 감춘 천사가 나타나 "실례하지만, 그리스도에 대해 잠깐 말씀드려도 될까요?"라고 말하지는 않았을 것이다. 하나님이 그런 식으로 일하신다면 얼마나 멋지겠는가? 그렇다면 누구나 주님을 다 믿을 거라 생각되지 않는가?

물론 하나님은 그분의 명령에 따르려 대기하고 있는 수천 명의 천사를 거느리고 계신다. 하나님은 그분의 주권과 지혜로 얼마든지 천사들을 시켜 하나님의 일을 하게 하실 수 있으며, 때때로 그리하실 때도 있다. 그러나 지상에서 일하시는 주된 방법은 그분 자신의 몸을 통해서다. 바로 그 몸이 교회이며 사람들이고 당신과 나다.

만약 하나님이 당신에게 찾아오시기 위해 다른 사람들을 사용하셨다면, 이제는 그분이 당신을 통해 또 다른 사람들에게 다가가시려는 계획을 갖고 계신다. 이것은 우리가 이제까지 논했던 모든 사실들을 통해 볼 때 분명한 사실이다. 주 예수 그리스도를 섬기는 일은 그리스도인의 삶에 부가된 선택 사항이 아니라 그리스도와 그분 안에 있는 우리의 관계에서 필수 사항이다. 그렇다면 그분을 섬기는 일에 무관심한 것은 우리가 이미 그분의 권위 아래 기꺼이 자신을 내어드렸음에도 불구하고 의도적으로 불순종하는 것이 된다. 부디 몸 된 교회를 통해 그리스도를 나타내시려는 것이 그분의 목적임을 기억하고, 그분께 순종하는 삶을 살기를 기도하라.

나는 그리스도인이 하나님을 섬길 기회를 부여받고서도 섬기지 않으면 하나님께서 그 사람 대신 다른 이를 보내신다고 말하는 것을 들은 적이 있다. 하지만 이 말이 사실인지는 확실치 않다. 나는 하나님이 불순종하는 그리스도인을 대신할 또 다른 그리스도인들을 많이 대기

시켜 놓으셨다고는 생각하지 않는다. 예수님은 제자들에게 "추수할 것은 많되 일꾼이 적으니"마 9:37라고 말씀하셨다. 달리 말하면, 해야 할 일들이 일하고자 하는 사람들보다 항상 많다는 것이다.

구약 성경을 보면, 에스겔이 하나님께서 "이 땅을 위하여 성을 쌓으며 성 무너진 데를 막아 서서 나로 하여금 멸하지 못하게 할 사람을 내가 그 가운데에서 찾다가 찾지 못하였으므로 내가 내 분노를 그들 위에 쏟으며 내 진노의 불로 멸하여 그들 행위대로 그들 머리에 보응하였느니라 주 여호와의 말씀이니라"겔 22:30-31고 말씀하셨다고 기록하고 있다. 하나님이 이렇게 말씀하신 이유는 그분이 사용하실 만한 사람을 찾지 못하셨고, 하나님의 뜻이 이루어지지 않았으며, 그분의 진노를 쏟아붓는 것 외에는 다른 대안이 없었기 때문이었다.

물론 하나님은 우리의 불순종으로 인해 무능력해지지 않으신다. 그러나 하나님은 사람들을 통해 일하려고 하시며, 사람들을 무시하지 않는 것을 원칙으로 삼고 계신다.

몇 년 전, 예수님의 승천을 전후해서 만들어진 우화를 들은 적이 있다. 물론 그것은 우화일 뿐이라서 인용하기가 좀 망설여지긴 하지만, 그 우화의 메시지가 지금의 이야기와 매우 부합되므로 소개해 볼까 한다.

그 우화에서 예수님은 하늘로 승천하셨고, 모든 천사들이 예수님 주위에 모여 33년간의 지상 사역을 마치고 돌아온 그분을 환영했다. 천사들은 예수님께 사람으로 지내시던 때가 어땠는지, 사람들이 그분께 어떻게 대했는지 물었다. 이에 예수님은 자신이 처음에 사람들의 인기를 얻었던 것과 그 뒤에 배척 받고 십자가에 못 박혔던 것, 그리고 죽은 자 가운데서 부활하신 것에 대해 이야기하셨다. 그리고는 부활 이후 40일 동안 열한 명의 제자들에게 자신의 부활을 증거하고 하나님 나라에 대해 가르쳤다고 말씀하셨다.

그러자 천사들 중 하나가 예수님께 물었다. "이제 하늘로 다시 오셨는데, 무얼 하실 계획입니까?" 이에 예수님은 "나는 일을 계속 수행해 나가기 위해 열한 명의 제자들을 지상에 남겨 놓았다"라고 대답하셨다. "에계, 겨우 열한 명이오? 만약 그들이 실패하면 어떻게 합니까?" 한 천사가 외쳤다. 그러자 "만약 그 열한 명이 실패하면 별 다른 방법이 없다"는 답변이 돌아왔다.

나는 이 우화를 곧이곧대로 믿지는 않는다. 그러나 이 우화에 나오는 예수님의 말씀이 진리라고 생각한다. 물론 그 열한 제자들은 장차 성령으로 충만케 될 것이었다. 다행히 그들은 실패하지 않았다. 그러므로 오늘날 우리가 이렇게 존재할 수 있는 것이다.

사탄이 사용하는 계략 중 하나는 많은 그리스도인들의 머릿속에 하나님이 그들을 사용하지 않으시리라는 생각을 집어넣는 것이다. 우리는 하나님이 다른 사람들을 사용하실 수 있음을 인정하지만 우리를 사용하실 거라고는 기대하지 않는다. 그럼으로써 우리는 성령님을 슬프게 해드릴 뿐 아니라 인생에서 가장 위대한 모험을 할 기회를 놓쳐 버리고 만다.

이와 관련해 한 가지 일화를 더 소개할까 한다. 몇 년 전, 나는 12세에서 16세 사이의 소년 100명 정도가 참석하는 캠프에서 '종군 목사' padre: 캠프를 군대라고 생각하여 재미있게 표현한 말임-역자 주로 초청된 적이 있다.

우리는 들판에 텐트를 쳤다. 들판 중앙에는 식사와 모임을 위해 마련된 큰 텐트가 있고, 그 주위에 작은 텐트들이 있어 한 텐트에 열 명씩 들어가 잤다. 날마다 취침 전 30분 동안 열 명으로 구성된 각 그룹은 소위 말하는 "QT" Quiet Time를 하기 위해 "텐트 장교" tent officer: 각 텐트에 속한 소년들을 책임 맡고 있는 사람-역자 주와 모임을 가졌다. 그들은 잠자기 전 그날 하루의 일들을 반성하고, 자신들이 배운 것에 대해 서로 나누며, 성경을 읽고 기도하는 시간을 가졌다.

하루는 QT시간에 본부 텐트에서 리더 한 사람과 이야기를 나누고 있는데, 갑자기 텐트 장교 한 사람이 뛰어 들어왔다. "잠시만 시간을 내주실 수 있겠습니까?" 그가 물었다. "제가 맡고 있는 텐트에 그리스도인이 되고 싶다는 소년이 있습니다. 저는 그 소년과 하루 종일 대화를 나누었고, 조금 전 그에게 자신을 그리스도께 드릴 것인지 물어보았는데, 그러겠다고 대답하였습니다."

"그런데 왜 나를 찾아왔습니까?" 나는 물었다.

"왜냐하면 이 캠프의 종군 목사님이시니까요!"

"그렇다고 해서 내가 영적 산파는 아닙니다. 당신이 직접 그 소년을 그리스도께 인도하세요."

"저는 한 번도 해본 적이 없는 걸요. 그리고 뭘 말해야 할지도 모르겠어요."

"만약 당신이 가야 할 때마다 다른 이를 대신 보낸다면, 당신은 한 사람도 그리스도께로 인도하지 못할 겁니다. 이미 하루 종일 그와 대화를 나눴다고 했지요? 그렇다면 이제 뭘 말해야 할지 알고 있겠네요."

나는 그가 소년에게 말하는 동안 텐트에 남아 기도해 주겠다고 말했다. 그러나 그는 내 생각에 전혀 동의하지 않고서, 내가 그 소년에게 어떻게 말하는지를 듣고 난 다음번에야 자기 혼자서 해보겠다고 제안했다. 하지만 어쩐지 내가 직접 그 소년에게 말해서는 안 된다는 생각이 더욱더 강하게 들었다. 그래서 나는 이런 생각을 그 텐트 장교에게 말했으며, 대신 그를 위해 기도하겠다고 약속했다. 그는 이의를 제기했으나 결국엔 혼자 돌아갔다. 그리고 약 30분 후에 그는 중앙 텐트로 뛰어 들어오더니 외쳤다.

"무슨 일이 일어났는지 상상도 못하실 겁니다!"

"그가 그리스도인이 되었겠죠." 나는 말했다.

그는 자리에 앉아 그리스도께 삶을 양도하는 문제에 대해 그 소년에게 어떻게 말했는지 설명했다. 소년이 그렇게 하겠다는 의사를 밝혔기 때문에 그들은 함께 기도했고 소년은 그리스도를 자기 삶의 주로 영접했다. "정말이지 멋진 일이었어요. 눈물이 나오려고 하는데, 울어도 될까요?"

그 주간에 그 텐트 장교는 두세 명의 소년을 더 그리스도께로 인도

했다. 이 일은 그 자신에게도 벅찬 감동을 안겨 주었다. 그리스도인이 된 지난 몇 년 동안, 그는 하나님이 다른 사람을 사용하듯이 자신을 사용하시진 않으리라고 생각해 왔던 것이다. 그러다 그 캠프에서 새로운 열망이 생겨, 지켜보던 자리에서 일어나 직접 움직이게 되었다. 그리고는 마침내 인생의 새로운 모험을 즐기기 시작했다. 하나님은 그를 사용하실 수 있었고, 또 그를 사용하고자 하셨다.

이런 특권을 당신도 가지고 있다. 하나님은 각각의 사람들을 각기 다른 방법으로 사용하신다. 우리 중 그 누구도 동일한 방법으로 사용되지는 않는다. 어쨌든 주 예수 그리스도는 내가 그분 몸의 일부가 되어 그분이 사역하시는 통로가 되게 하신다는 사실이 중요하다. 우리는 일에 헌신해서는 안 되고, 몸의 머리되신 그리스도께 헌신해야 한다. 그래야 그리스도께서 우리를 이끌어 그분의 계획을 실현하게 만드실 수 있다.

이제 말씀으로 다시 돌이켜 보자. 예수님이 제자들에게 "추수할 것은 많되 일꾼이 적으니"라고 말씀하셨을 때, 그 다음에 따르는 가르침은 "그러므로 가서 네가 할 수 있는 한 많은 사람들에게 복음을 전하라"는 것이 아니라 "그러므로 추수하는 주인에게 청하여 추수할 일꾼들을 보내 주소서 하라"마 9:38는 것이었다. 제자들은 허락 없이 나가서 할 수 있는 한 많은 일을 해야 했던 것이 아니라, "추수하는 주인"과 긴밀한 관계를 유지하면서 그분의 지도 하에 예정된 사람에게 예정된 시간까지 가야 했다. 이처럼 전략가이신 주님만이 우리가 있어야 할 장소와 해야 할 일을 아신다.

사도행전에서 사도들과 초대교회 지도자들은 전략이 아니라 그리스도께 헌신했다. 그리고 주님으로부터 말미암은 이 전략은 모두 선한 것이었다. 사도행전 8장에 보면, 복음이 특별히 빌립의 사역을 통하여 사마리아로 전해졌음을 알게 될 것이다. 예루살렘 밖에서 가장 큰 회개 운동이 일어났으며, 빌립은 그 운동의 주요 지도자이자 설교자였다. 그런데 바로 그때 "주의 사자가 빌립에게 말하여 이르되 일어나서 남쪽으로 향하여 예루살렘에서 가사로 내려가는 길까지 가라 하니 그 길은 광야라 일어나 가서" 행 8:26-27라고 하신다.

당신이라면 그런 상황에서 어떻게 반응하겠는가? 빌립이 하나님께 "일어나 광야로 가라"는 지시를 받았을 당시, 그는 사마리아에 모인 엄청난 군중 앞에서 설교하며 하나님께 놀랍게 쓰임 받고 있었다. 그러나 광야에는 아무도 살지 않았다. 빌립은 엄청난 수의 사람들을 복음화할 기회를 상실할 만한 상황이었다.

그럼에도 빌립은 주의 말씀에 순종했다. 그리고 그가 "일어나 가는 길에 에디오피아 내시를 만났다" NIV를 직역한 것임-역자 주. 그 뒤에 어떻게 해서 빌립이 그를 그리스도께로 인도해 세례를 주었으며 어떻게 에디오피아에 보내어 복음을 전하게 했는지 잘 알고 있을 것이다. 빌립은 예수 그리스도께 헌신했지 단지 복음 전파에 헌신한 것이 아니었다. 만약 그가 위대한 복음 전도자가 되는 일에 자신을 바쳤다면, 명령의 순간 사마리아를 떠나지 않았을 것이다.

하나님이 우리에게 우선적으로 원하시는 것은 어떤 목적들에 헌신하는 것이 아니다. 그분은 우리가 그리스도께서 사용하실 수 있는 사람이 되기를 원하신다. 때로 하나님은 어떤 특별한 목적을 위해 우리의 생명을 바치라고 요구하실 수도 있다.

그러나 우리가 헌신해야 할 최우선적인 대상은 그리스도이다. 그리스도께 헌신할 때 비로소 우리는 그분이 명하시는 어떤 일에도 헌신할 수 있게 되는 것이다. 그리스도께서 이루신 일을 알든 모르든, 우리는 매일 아침마다 주께서 그날 하루 우리를 통해 그분 자신을 자유롭게 나타내시며 그분의 사역 중 일부가 성취되기를 기대할 수 있다. 이것은 곧 우리의 특권이자 책임이다.

그리스도가 우리 안에 거하시면 능력을 얻게 된다. 바로 예수 그리스도의 생명에서 비롯된 능력 안에서 성공적인 삶을 살 수 있게 되는 것이다. 예수님도 "나를 떠나서는 너희가 아무것도 할 수 없음이라"요 15:5고 말씀하셨다.

또한 그리스도 안에 거하면 우리에게 목적이 생긴다. 그것은 우리 자신을 위해 살도록 하는 것이 아니라, 몸의 머리 되시는 그리스도의 계획을 실현하는 도구로서 우리를 준비시킨다.

그리스도가 우리 안에 거하시면 우리는 힘의 원천을 얻게 된다. 주 예수 그리스도 안에서 우리는 필요한 모든 것을 얻을 수 있다. 그리고 우리가 그리스도 안에 거하면 우리에게 책임이 부여된다. 그리스도의 몸의 지체로서 나의 가장 큰 관심사는 하나님이 내게 무엇을 원하시는 가 하는 점이다.

그리스도께서 우리 안에 거하시는 삶은 역동적이다. 그리고 우리가 그리스도 안에 거하는 삶은 많은 것을 요구한다. 그리스도께는 무언가 할 일이 있으시며, 그 일을 이루는 도구로서 우리를 사용하실 권리도 있다. 만약 사막의 길을 걷고 있는 "에디오피아 내시"가 있다면, 하나님은 당신에게 사마리아를 떠나 그를 만나러 가라고 명하실지 모른다. 그리고 하나님은 그 명하시는 모든 일들을 이루기 위해, 우리 안에 성령의 권능을 허락해 주신다.

이것이 바로 그리스도인의 삶이다. 세상에서 하나님의 모습과 형상을 드러내지 못하는 자신의 무능함을 직면하고, 사죄의 은총을 바라며 십자가 앞에 나아오고, 성령과 함께 거하며, 그리스도와 연합하고, 그분의 생명과 뜻을 나타내는 수단이 바로 그리스도인의 삶인 것이다. 세상 사람들도 반드시 이 진리를 알아야 한다. 그러나 예수 그리스도의 생명과 인격이 우리의 삶 속에서 나타나는 것을 보기 전까지는 이 진리를 믿어야 할 이유를 발견하지 못할 것이다.

바로 이 진리가 당신을 향한 하나님의 뜻이다! 이 진리야말로 하나님께서 처음 사람을 창조하실 때 가지셨던 목적으로서, 지금도 인생을 궁극적으로 의미 있게 만드는 유일한 것으로 존재한다. 어떤가, 당신은 예수 그리스도 안에서 진리를 발견했는가? 아니면 다른 무언가를 붙들고 사는가?

사명선언문

너희가 흠이 없고 순전하여……세상에서 그들 가운데 빛들로
나타내며 생명의 말씀을 밝혀 _ 빌 2:15-16

1. 생명을 담겠습니다
만드는 책에 주님 주신 생명을 담겠습니다.
그 책으로 복음을 선포하겠습니다.

2. 말씀을 밝히겠습니다
생명의 근본은 말씀입니다.
말씀을 밝혀 성도와 교회의 성장을 돕겠습니다.

3. 빛이 되겠습니다
시대와 영혼의 어두움을 밝혀 주님 앞으로 이끄는
빛이 되는 책을 만들겠습니다.

4. 순전히 행하겠습니다
책을 만들고 전하는 일과 경영하는 일에 부끄러움이 없는
정직함으로 행하겠습니다.

5. 끝까지 전파하겠습니다
모든 사람에게, 땅 끝까지, 주님 오시는 그날까지
복음을 전하는 사명을 다하겠습니다.

서점 안내

광화문점 서울시 종로구 새문안로 69 구세군회관 1층
02)737-2288 / 02)737-4623(F)

강남점 서울시 서초구 신반포로 177 반포쇼핑타운 3동 2층
02)595-1211 / 02)595-3549(F)

구로점 서울시 동작구 시흥대로 602, 3층 302호
02)858-8744 / 02)838-0653(F)

노원점 서울시 노원구 동일로 1366 삼봉빌딩 지하 1층
02)938-7979 / 02)3391-6169(F)

일산점 경기도 고양시 일산서구 중앙로 1391 레이크타운 지하 1층
031)916-8787 / 031)916-8788(F)

의정부점 경기도 의정부시 청사로47번길 12 성산타워 3층
031)845-0600 / 031)852-6930(F)

인터넷서점 www.lifebook.co.kr